BOSON

Inhaltsverzeichnis

Danksagung

Unser besonderer Dank gilt unserem Klienten, Herrn Manfred Schneider*, ohne dessen vehementes Drängen, seine Hypnose und somit die SOL Methode im Detail zu veröffentlichen, dieses Buch niemals zustande gekommen wäre.

Brigitte Papenfuß & Ralf Mooren

*Anmerkung: (Name auf Grund der Schweigepflicht und zum Schutz der Persönlichkeitsrechte geändert).

Vorwort

Dieser Roman könnte Ihr Leben verändern

Mit seiner bewussten Aufmerksamkeit kann der Mensch nur einen kleinen Teil der unendlichen Realität erkennen, deren Teil er ist. Genauso, wie man nur die Spitze eines Eisberges aus dem Wasser ragen sieht, so ist das Wesentliche für unsere bewusste Wahrnehmung unsichtbar.

Befinden wir uns allerdings in einer tiefen, hypnotischen Trance, so erschließen sich uns über unser Unbewusstes weit größere Realitäten - Realitäten voller Perspektiven für unser Leben.

Was ist Realität? Was ist wirklich Wirklichkeit? Und was wäre, wenn wir die Wirklichkeit verändern könnten?

Mit diesem Buch tauchen wir ein in die geheimnisvolle und faszinierende Welt der Tieftrance – in die Tiefe des menschlichen Seins. Und was begegnet uns hier? Menschen, die detailliert und hoch emotional von Situationen aus früheren Leben berichten. Mehr noch, Menschen, die in höchsten Glücksgefühlen unter Tränen der Rührung von dem Zustand berichten, den wir aus unserer physischen Sicht als den "Tod" bezeichnen. In diesem Zustand der Tieftrance fühlen diese Menschen eine innige Verbindung mit einer bedingungslosen Liebe, deren Teil sie sind. Die Dimensionen von Raum und Zeit, so wie wir sie mit unserem wachen Bewusstsein wahrnehmen und als selbstverständlich akzeptieren, sind in diesem Zustand der unbewussten Wahrnehmung vollkommen aufgelöst. In diesem Zustand besteht nur noch das pure, individuelle Sein in inniger und liebevoller Einheit mit allem, was existent ist.

Ein Klient, der in diesen Zustand der Tieftrance gelangt, kann hier unter Führung eines Hypnosetherapeuten sein Unterbewusstsein dazu veranlassen, sein ganzes Leben nachhaltig zu verändern. (Anm.: Zur Bezeichnung des Unbewussten verwenden wir hier den umgangssprachlichen Begriff des "Unterbewusstseins", da wir diesen für unsere Methode für treffender halten).

Es ist uns ein tiefes, inneres Bedürfnis, unsere Erfahrungen, die wir während unserer langjährigen Tätigkeit als Hypnosetherapeuten gemacht haben, an jeden einzelnen Leser weiterzugeben, der sich hierfür interessiert. Aus diesem Grunde beschreiben wir im Folgenden beispielhaft eine Hypnose, die in unserem Hause exakt so durchgeführt und protokolliert wurde, wie sie dargestellt ist. Dies erklären wir hiermit an Eides statt. Um hier einen umfassenden Einblick in die Problemstellung und die Gefühlswelten des Klienten, aber auch der Hypnosetherapeutin zu gewähren, haben wir hierzu die Form eines Romans gewählt.

Hierin wird der Ablauf einer SOL Hypnosetherapie vom Empfang des Klienten über das Vorgespräch bis hin zur eigentlichen Hypnose an jeder Stelle minutiös beschrieben. Insofern wendet sich dieses Buch an alle Leser, die unsere individuellen Erfahrungen teilen möchten und insbesondere auch an Hypnosetherapeuten, welche die exakt geschilderten Abläufe der Hypnose zum Erfahrungsaustausch nutzen möchten.

Der Name des Hypnotisanden wurde selbstverständlich geändert. Die Namen Doris und Manfred Schneider sind frei erfunden. Jede Ähnlichkeit mit lebenden Personen ist rein zufällig.

Das, was wir Tag für Tag während der von uns durchgeführten Hypnosen über die Unendlichkeit des Seins und somit der Seele erfahren, ist zutiefst beruhigend und voller Perspektiven für das Leben. Was hier passiert ist absolut fantastisch, aber es ist rational nicht zu erklären. Aus diesem Grunde haben wir uns auf den Weg gemacht, um nach logisch und wissenschaftlich nachvollziehbaren Erklärungen für die Phänomene zu suchen, denen wir immer wieder begegnen. So konnten wir unserem Klienten Manfred Schneider die Erkenntnisse der Physik, der Quantenphysik, der Erforschung von Todesnäheerlebnissen und von psychoenergetischen Feldern zur Beantwortung der vielen Fragen, die er nach seiner Hypnose hatte, anbieten.

Wir wünschen jedem Leser unseres "Romans", dass er hier für sich das finden möge, wonach er vielleicht im Stillen schon seit langem sucht.

Teil 1

Das Unterbewusstsein im Dialog

Der unfreiwillige Weg

Die Binnenschiffe auf dem Rhein waren kaum zu erkennen. Es war erst viertel nach zwei an diesem trüben Novembertag, aber alles lag im tristen Grau des feinen Nieselregens. Nachdenklich bog Manfred Schneider in die Cäcilienallee ein. Die Scheibenwischer seines komfortablen Geländewagens wischten immer wieder lautlos die feinen Regentröpfchen weg und die blaue Instrumentenbeleuchtung tauchte den Innenraum in ein bizarres Licht. Aber das alles bemerkte Manfred nicht wirklich. Viel zu sehr war er mit seinen Gedanken beschäftigt, die ihm immer wieder wie von selbst durch den Kopf gingen.

Manfred war ein gestandener Mann von achtundvierzig Jahren, den so leicht nichts aus der Fassung bringen konnte. Als Bauphysiker führte er eine eigene Ingenieurgesellschaft mit mittlerweile zwölf Mitarbeitern. Er lebte zusammen mit seiner Ehefrau Doris in einer luxuriösen Penthouse Wohnung im Herzen von Düsseldorf. Alles hätte also bestens sein können. Aber das war es nicht. Er fühlte sich alles andere als bestens.

Während er auf die Südbrücke zufuhr, schoss es ihm durch den Kopf: „Was machst du hier eigentlich? Du hast achtundvierzig Jahre lang deine Probleme selbst gelöst, dann wirst du das jetzt auch noch schaffen!" Für einen Moment hatte er den Impuls, hinter der Südbrücke abzufahren und umzudrehen. Den Blinker hatte er schon gesetzt, aber dann gab er sich einen Ruck und fuhr weiter geradeaus.

Manfred war auf dem Weg zu einem Hypnosetherapeuten in Mönchengladbach. Der Termin war für 15:00 Uhr angesetzt und das Ganze könne vier bis fünf Stunden dauern. Viel mehr wusste er auch nicht. Doris hatte den Termin für ihn gemacht. Er spürte, wie wieder dieser Ärger in ihm aufstieg. Er verzog das Gesicht. Da war er wieder, dieser unerklärliche, stechende Schmerz im rechten Oberschenkel. „Musste der jetzt ausgerechnet auch noch kommen?" Als er am Kreuz Neuss West Richtung Aachen abfuhr, hatte es aufgehört zu regnen. „Wenigstens etwas", knurrte er.

Wieder erschien das Bild von Doris wie sie ihm bei ihrem letzten Streit vor zwei Wochen voller Wut und Verzweiflung entgegengeschleudert hatte: „Ich bin ein freier Mensch und nicht dein Eigentum!" Doris hatte am Tag davor einen alten Schulfreund besucht, den sie zufällig in der Stadt wiedergetroffen hatte. Eigentlich wollte sie spätestens gegen 18:00 Uhr nach Hause gekommen sein, aber dann war sie erst gegen 22:00 Uhr wieder aufgetaucht. Manfred liebte Doris über alles und hatte zugleich die Angst, er könne sie verlieren. Und so hatte er sich in den vier Stunden, in denen er auf Doris gewartet hatte, die wildesten Gedanken darüber gemacht, was Doris und ihr Freund gerade alles so machten. Als sie dann schließlich nach Hause gekommen war, hatte er ihr die absurdesten Vorwürfe gemacht und es war wieder einmal zum Streit gekommen.

Aber diesmal war es ernst, sehr ernst. Manfred kannte diesen Punkt aus seinen früheren Beziehungen, die alle an seiner krankhaften Eifersucht gescheitert waren. Und so hatte er Doris versprochen, sich helfen zu lassen. Um ihr zu zeigen, wie ernst es ihm damit war, hatte er sie gebeten, für ihn einen Termin bei einem Psychotherapeuten zu machen. Und dann, als er zwei Tage später abends nach Hause gekommen war, hatte sie ihm eröffnet, dass sie für ihn den heutigen Termin bei dem Hypnosetherapeuten gemacht hatte. Die Psychotherapeuten waren wohl alle für Monate ausgebucht und so hatte sie auf Anraten einer Freundin den Termin bei dem Hypnoseinstitut in Mönchengladbach gemacht. Er hatte sie entsetzt angeschaut und ihr erklärt: „Ich gehe zu keinem Hypnoseonkel!" Aber als Doris ihn daraufhin entsetzt anschaute und er die schiere Verzweiflung in ihren Augen sah, hatte er eingelenkt und gesagt: „Na ja, ich kann's ja mal versuchen." Und jetzt war er unterwegs zu seinem ersten Hypnosetermin. Ihm war schon sehr mulmig zumute, denn er hatte Angst, dass der Hypnotiseur irgendetwas mit ihm machen könnte, was für ihn nicht zu kontrollieren wäre.

Als das Navi ihn durch die gewundene Dorfstraße von Wickrathberg führte, wurde er richtig unruhig. „Das Ziel liegt links vor ihnen!", ertönte es aus dem

Navi und schon sah er auch das beleuchtete Schild des Hypnoseinstituts.

Es war ein gewaltiges, altes Bauernhaus mit zwei Geschossen, was an den vielen, hinterleuchteten Rundbogenfenstern gut zu erkennen war. Er parkte seinen Wagen in der Einfahrt, direkt vor dem großen, grünen Rundbogentor, und stellte den Motor ab.

Manfred wollte aussteigen, doch irgendwie ging das nicht. Die Schmerzen in seinem rechten Bein wurden auf einmal unerträglich und er konnte seinen eigenen Herzschlag hören, zumindest hatte er das Gefühl. Er atmete einige Male tief durch. Dann öffnete er entschlossen die Tür und stieg aus. Irgendwie fühlte er sich wie ein Tiger vor dem Sprung, als er auf den Klingelknopf drückte.

Ankommen in der Höhle des Löwen

„Hallo, Herr Schneider", ertönte eine freundliche Frauenstimme aus der Wechselsprechanlage. „Bitte kommen Sie herein. Ich bin im anderen Gebäude und komme gleich rüber." Zugleich summte der Türöffner und die antike Eingangstür sprang auf. Zögernd trat Manfred ein und schloss die Tür hinter sich. Er befand sich in der großen, zentralen Eingangshalle, die hell erleuchtet war. Alle Wände waren mit einem weißen Lehmputz versehen, was er als Bauphysiker direkt erkannte. Er stand auf einem roh belassenen Dielenboden aus Mooreiche und eine hohe, moderne Holztreppe führte in die obere Etage. Manfred sah sich noch interessiert um, als er hörte, dass irgendwo auf der Rückseite des Gebäudes eine Tür geöffnet wurde. Jetzt hörte er Schritte, die schnell näher kamen und durch die Tür, die der Eingangstür gegenüberlag, kam eine Frau mit gewinnendem Lächeln auf ihn zu. „Brigitte Papenfuß", stellte sie sich vor und streckte ihm die Hand entgegen. „Manfred Schneider", sagte er mit einiger Erleichterung in der Stimme und gab ihr die Hand. Hierbei schaute er nach unten, denn die Frau, die etwa in seinem Alter sein mochte, war gut zwei Köpfe kleiner als er. „Möchten Sie ablegen?" Manfred nickte und schälte sich aus seiner fellgefütterten, dunkelbraunen Lederjacke. Die zierliche Frau nahm ihm die Jacke ab, hängte sie fein säuberlich auf einen Kleiderbügel und verstaute sie in der Garderobe.

„Wenn Sie mir bitte folgen wollen", lächelte sie ihn an und ging bereits voraus, ohne sein höfliches „ja, gerne", abzuwarten. Sie gingen einen langen Gang entlang, der sich an der Rückseite des Gebäudes befand. Durch die Fenster erblickte Manfred einen begrünten, großen Innenhof, der von drei Seiten durch weitere Gebäude gebildet wurde. Obwohl es immer noch sehr diesig war, schien das Ganze in ein eigentümlich warmes, gelbliches Licht getaucht. Frau Papenfuß öffnete die letzte Tür und sie betraten einen Raum, der entgegen seinen Erwartungen überhaupt nichts von einem Behandlungszimmer hatte. Der Raum war über kunstvolle Bodenlampen in den Ecken spärlich, aber vollkommen ausreichend beleuchtet. Hier stand eine Sitzgruppe aus einem gemütlichen Sofa und zwei bequemen Ledersesseln, die um einen niedrigen Glastisch gruppiert waren. Auf dem Tisch standen diverse Getränke, eine Schale mit Süßigkeiten und zwei silberne Kannen sowie zwei Gläser und zwei Tassen.

„Bitte nehmen Sie Platz - wo immer Sie möchten", forderte Frau Papenfuß ihn freundlich auf und deutete mit einer einladenden Geste auf die Sitzgruppe. Instinktiv wählte Manfred den bequemen Ledersessel am Fenster aus. Von hier hatte er die Eingangstür am besten im Blick. Er sah sich kurz um und bemerkte, dass der ganze Raum in dem gleichen, schlichten Stil gehalten war, der ihm schon in der Eingangshalle aufgefallen war. Manfred war immer noch sehr angespannt, aber Frau Papenfuß schien davon nichts zu bemerken. Sie setzte sich auf das Sofa, sodass er links von ihr saß.

„Darf ich Ihnen einen Kaffee anbieten oder einen Tee? Oder lieber etwas Kaltes?" „Einen Kaffee nehme ich gerne", antwortete Manfred. Frau Papenfuß griff nach einer der Kannen, goss zwei Tassen dampfenden Kaffees ein und stellte eine Tasse vor ihm auf den Tisch. „Eine Kleinigkeit noch, dann kann es sofort losgehen." Sie stand auf, ging zu einem Wandschrank und kam mit einer dicken, weißen Kerze zurück, die sie auf den Tisch stellte und anzündete. „Ich finde es so einfach gemütlicher", stellte sie fest. „Sie doch auch, oder?" Manfred nickte und nahm einen Schluck Kaffee. Frau Papenfuß schien das leichte Zittern seiner Hand dabei nicht zu bemerken.

Showhypnose vs therapeutische Hypnose

„Schön, dass Sie zu uns gekommen sind, Herr Schneider", eröffnete die Hypnosetherapeutin das Gespräch. „Haben Sie schon eine Vorstellung von dem, was eine Hypnose ist und was man damit bewirken kann?" Manfred blickte überrascht auf. Eigentlich war er ja nur hierhergekommen, um Doris von seinen ehrlichen Bemühungen zu überzeugen.

Natürlich hatte er schon lange nach einem gangbaren Weg gesucht, seine immer wiederkehrende Eifersucht zu besiegen. Jedes Mal, wenn die Eifersucht in ihm aufstieg, begannen sich seine Gedanken aufzuschaukeln – und dann war es zu spät. Sobald er seine Partnerin dann sah, machte er ihr eine fürchterliche Szene. Und eine Beziehung verträgt das nicht, jedenfalls nicht immer wieder und schon gar nicht in immer kürzeren Abständen. Das hatte er schon oft erfahren – immer wieder. Und mit Doris war es jetzt schon wieder fast so weit. Ja, er wünschte sich nichts sehnlicher, als die Eifersucht, die ihn immer wieder übermannte, loslassen zu können.

Aber sich dafür in einer Hypnose umdrehen zu lassen, davor hatte er eine tiefe, innere Abneigung, auch wenn Doris noch so viel Hoffnung in die Hypnose setzte. Bedächtig antwortete er:

„Ehrlich gesagt, habe ich schon einige Showhypnosen im Fernsehen gesehen. Ich konnte nie verstehen, dass sich erwachsene Menschen hier vor staunendem Publikum von einem Hypnotiseur zum Affen machen lassen. Offengestanden, habe ich diese Hypnosen immer für ein abgekartetes Spiel gehalten. Einmal habe ich allerdings in einer Fernseh-Show eine junge Frau gesehen, die in Hypnose vollkommen versteift wurde, vom Kopf bis zu den Füßen. Zwei Helfer hatten sie dann auf zwei Stühle gelegt, einen unter ihren Kopf und einen unter ihren Füßen. Die Frau war steif wie ein Brett und sogar, als sich eine andere Frau auf ihren Bauch setzte, sackte sie keinen Millimeter ab. Dann wurde sie wieder von den beiden Helfern auf die Beine gestellt. Der Hypnotiseur pustete in ihr Gesicht und sie war sofort wieder vollkommen beweglich. Wie der Trick funktioniert hat, weiß ich bis heute nicht." Manfred hatte sich fast in Rage geredet.

„Das war kein Trick", erklärte die Hypnosetherapeutin. „So etwas bezeichnet man in der Hypnose als "kataleptische Brücke". Es ist ziemlich einfach, die Muskulatur zum Beispiel eines Armes mittels Hypnose vollkommen zu versteifen. Der Betreffende kann in dem Moment seinen Arm nicht mehr bewegen. Und je mehr er es versucht, desto steifer wird der Arm. In der Hypnose bezeichnet man so etwas allgemein als "Katalepsie". Bei einer kataleptischen Brücke wird dann während der Showhypnose der gesamte Körper versteift. Dieses Versteifen selbst ist hierbei noch vollkommen ungefährlich. Aber die Tatsache, dass man diesen versteiften Körper dann vollkommen frei tragend auf zwei Stühle legt und ihn dazu noch mit dem zusätzlichen Gewicht einer anderen Person belastet, ist in höchstem Maße unverantwortlich. Kein Mensch kann hierbei körperliche Spätfolgen ausschließen. Der hiermit verbundene Showeffekt ist allerdings so eindrucksvoll, dass ein verantwortungsloser Showhypnotiseur alle hiermit verbundenen Risiken vehement abstreiten würde. Dabei mag dieses "Pusten ins Gesicht", was Sie gesehen haben, den Showeffekt, also die Demonstration der Macht des Hypnotiseurs, noch unterstreichen, aber für mich ist das einfach äußerst unhygienisch.

Hierbei will ich nichts gegen die Showhypnose als solche sagen. Sie beruht schließlich immer auf einer Absprache zwischen dem Hypnotisierten und dem Hypnotiseur, wobei die Möglichkeiten der Hypnose eindrucksvoll präsentiert werden. Nur schließt ein wirklich guter Showhypnotiseur jegliche Gefahr von Spätfolgen von vornherein aus. Er suggeriert den Leuten, die er hypnotisiert, auch nicht, irgendetwas zu tun, dessen sie sich nach der Hypnose schämen müssten. Und vor allem denkt er nicht einmal im Traum daran, eine kataleptische Brücke vorzuführen, was er übrigens mit Leichtigkeit könnte", fügte sie hinzu.

Manfred hatte interessiert zugehört. Er konnte es kaum fassen, dass die Showhypnose, von der er gerade erzählt hatte, ohne versteckten Trick abgelaufen sein sollte. Ganz langsam dämmerte es ihm, dass die Hypnose wohl eine sehr wirksame Methode sein könnte, um Veränderungen herbeizuführen.

„Führen Sie auch Showhypnosen durch?", fragte er lauernd. „Nein", antwortete sie lächelnd, „wir führen keine Showhypnosen durch, noch nicht einmal im Freundeskreis und", fügte sie hinzu, „das könnten wir auch gar nicht. Mein Kollege und ich führen ausschließlich therapeutische Hypnosen durch. Die Hypnose lässt sich zwar für das eine wie für das andere einsetzen, aber hier kommt es auf die innere Einstellung des Hypnotiseurs an.

Ein Showhypnotiseur möchte sein Publikum gut unterhalten und seine Fähigkeiten als Hypnotiseur darstellen. Hierbei dient ihm derjenige, den er gerade hypnotisiert, als Mittel zum Zweck.

Zu uns kommen Menschen, die tiefgreifende, persönliche Probleme haben. Für sie ist eine Hypnosebehandlung vielfach der letzte Versuch, nachdem sie in aller Regel bereits jahrelange Therapien durchlaufen haben. In der Hypnosetherapie steht also der Mensch im Mittelpunkt und die Hypnose ist Mittel zum Zweck. Das ist der Unterschied."

Der Fluchtweg ist offen

„Wenn Sie einverstanden sind", fuhr sie fort, „dann erkläre ich Ihnen jetzt zuerst einmal etwas über die Wirkungsweise der Hypnose und wie eine Hypnosebehandlung vor sich geht. Dann gebe ich Ihnen einen Erfassungsbogen, also ein Formular, das einige wesentliche Fragen zu Ihrem Problem enthält. Sie nehmen sich dann bitte alle Zeit, die sie brauchen, um den Bogen vollständig auszufüllen. Anschließend besprechen wir Ihre Angaben in aller Ruhe und dann, wenn alles besprochen ist und Sie keinerlei Fragen mehr haben, dann werde ich Sie fragen, ob Sie eine Hypnose wirklich möchten. Und wenn dies nicht der Fall sein sollte, dann trinken wir vielleicht noch in Ruhe eine Tasse Kaffee. Was ich damit sagen will, ist, dass Sie zu jedem Zeitpunkt selbst darüber entscheiden, ob Sie aufhören oder weitermachen wollen. Sind Sie damit einverstanden?"

Manfred fiel schlagartig ein Stein vom Herzen. Er fühlte sich nicht mehr als das Opfer, das irgendetwas über sich ergehen lassen sollte, ohne es kontrollieren zu können. Er würde die Möglichkeit haben, etwas über die Hypnose zu erfahren. Wenn er wollte, würde er über seine Probleme, die ihn tief bewegten, sprechen können. Und das Beste: Er würde jederzeit gehen können, wenn er sich unwohl fühlte. Dankbar antwortete er: „Ja, sehr gerne."

Möchten Sie wirklich?

„Schön", freute sich die Hypnosetherapeutin, „dann können wir ja anfangen. Aber vorher noch eine andere Frage: „Ihre Frau hat den heutigen Termin für Sie gemacht. Sind Sie jetzt hier, weil Sie das selbst wirklich möchten oder nur, um Ihrer Frau einen Gefallen zu tun?" Manfred fühlte sich ertappt. Er überlegte kurz, ob er jetzt lügen oder die Wahrheit sagen sollte. Intuitiv entschied er sich für die Wahrheit: „Ich habe", murmelte er leise „ein riesiges Problem mit meiner Eifersucht, die ich manchmal nicht kontrollieren kann. Um Doris nach unserem letzten Streit meinen guten Willen zu zeigen, hatte ich sie gebeten, für mich einen Termin in einer Praxis zu machen, in der ich professionelle Hilfe erhalten könnte. Und stattdessen, nehmen Sie es bitte nicht persönlich, bin ich jetzt in einer Hypnosepraxis gelandet." Manfred atmete hörbar auf. Er war froh, dass es raus war.

Frau Papenfuß lachte vergnügt. „Ich danke Ihnen für Ihre Offenheit. Das erleichtert die Sache sehr. Und nun gestatten Sie mir bitte, Ihnen gegenüber genauso offen zu sein. Eine Hypnosebehandlung wird nur funktionieren, wenn Sie sich mit Ihrem eigenen freien Willen bewusst hierfür entscheiden. Ich denke, dies gilt übrigens auch für jede andere Form der Behandlung. Wenn Sie also nur gekommen sind, um Ihrer Frau einen Gefallen zu tun, dann sollten wir das Ganze jetzt beenden. Wenn Sie allerdings von sich aus grundsätzlich bereit sind, Ihr Problem mittels Hypnose zu lösen, dann können wir gerne jetzt weitermachen. Bitte entscheiden Sie sich jetzt!" Die Hypnosetherapeutin sah Manfred freundlich und zugleich erwartungsvoll an.

Manfred schluckte. Er spürte, dass er seine grundsätzliche Entscheidung für oder gegen eine Hypnose hier und jetzt treffen musste. So freundlich und nett Frau Papenfuß auch sein mochte, irgendwie war die Tante knallhart. Die latente Hoffnung, ihr etwas vorspielen zu können, hatte er schlagartig aufgegeben. Urplötzlich traf ihn wieder dieser stechende Schmerz in seinem rechten Oberschenkel. Er verzog unmerklich für einen Moment das Gesicht und strich abwesend über sein Bein. Ihm wurde schlagartig klar, dass er die Chance hatte zu gehen, aber auch, dass er dann sein Problem mitnehmen würde. Das hatte er bis jetzt unbewusst immer so gemacht, aber jetzt war es ihm plötzlich bewusst. „Zu gehen" hatte für ihn in diesem Augenblick die gleiche Bedeutung wie „zu fliehen" – zu fliehen vor sich selbst. Eine immense, innere Kraft stieg in ihm auf. Eine Kraft, die er nie zuvor bemerkt hatte und die ihm doch so vertraut war. Nein, er würde nicht fliehen – diesmal nicht. Entschlossen blickte er Frau Papenfuß an: „Ich bin bereit!"

Die hypnotische Trance

„Gut", sagte sie. „Das freut mich sehr. Dann werde ich Ihnen erst einmal etwas über die Hypnosetherapie erzählen: Wenn Sie sich nachher für eine Hypnosebehandlung entscheiden, dann willigen Sie darin ein, sich in den Zustand einer hypnotischen Trance zu begeben. In diesem Zustand werden Sie eine gesteigerte Aufmerksamkeit erfahren. Sie werden viel mehr wahrnehmen, als Sie sich in Ihrem jetzigen, bewussten Zustand vorstellen können. Aber das wird Ihnen alles vollkommen egal sein. Sie werden möglicherweise von sehr berührenden Emotionen, also sehr intensiven Gefühlen durchströmt werden. Aber auch das wird Ihnen aus Ihrer jetzigen, bewussten Sicht, vollkommen egal sein. Mit anderen Worten: Im Zustand einer solchen hypnotischen Trance befinden Sie sich in Ihrem tiefsten Inneren – im Reich Ihrer intensivsten Gefühle. Es werden Erinnerungen und Erfahrungen in Ihnen aufsteigen, die Ihnen im bewussten Zustand niemals zugänglich wären – ein tiefes, inneres Wissen. Sie werden dies alles intensiv fühlen, wissen und wahrnehmen und trotzdem wird Ihnen alles vollkommen egal sein. Es wird Ihnen deshalb vollkommen egal sein, weil Sie in diesem Zustand nicht werten. Und das kommt daher, dass Ihr Bewusstsein, aus dem Ihr Ich-Gefühl herrührt, dem Ganzen teilnahmslos zuschaut. Eine hypnotische Trance ist also ein Zustand erhöhter Aufmerksamkeit bei völlig eingeschränkter Kritikfähigkeit - vom Gefühl her etwa zu vergleichen mit einem intensiven Traum. Der einzige Unterschied besteht darin, dass in diesem Traum jemand mit Ihnen spricht und Ihnen Fragen stellt. Sie antworten und erzählen was Sie sehen und was Sie fühlen. Aber auch das ist Ihnen vollkommen egal. Die Worte kommen wie von selbst. Und dabei werden Sie sich manchmal fragen, wer da eigentlich spricht. Aber das interessiert Sie nicht wirklich. Sie bemerken es nur und im Grunde ist es Ihnen völlig gleichgültig."

Unbewusste Programme und Wirksuggestionen

Frau Papenfuß lehnte sich bequem zurück. „In diesem Zustand sind Sie erhöht suggestibel. Alles, was man Ihnen in diesem Zustand suggeriert, geht ungefiltert direkt in Ihr Unterbewusstsein ein und wird dort zu einer festen, bleibenden Überzeugung. Eine Überzeugung, die man auch als "feste Regel" bezeichnen könnte oder auch als "unbewusstes Programm".

Manfred schluckte. „Bedeutet das, dass Sie einen Menschen durch Hypnose umprogrammieren können wie einen Computer? Und dass dieses neue Programm, also diese neue, unbewusste Regel dann auch nach Beendigung der Hypnose bestehen bleibt?" „Genau das bedeutet es", antwortete Frau Papenfuß ernst.

„Ich gebe Ihnen ein banales Beispiel: Stellen Sie sich vor, ein Hypnotiseur würde jemandem im Zustand der hypnotischen Trance suggerieren, dass jede Form von Kaffee, die er von nun an trinkt, wie Salzwasser schmeckt. Dieser Mensch würde nach der Hypnose noch einige Male versuchen, Kaffee zu trinken. Aber jedes Mal, wenn er den ersten Schluck nähme, würde er das Gesicht verziehen, weil er nur reines Salzwasser schmeckt. Wenn er das drei Mal probiert hätte, dann würde er vermutlich keinen Kaffee mehr anrühren - für den Rest seines Lebens. Und wenn der Hypnotiseur dann noch suggeriert hätte, der Betreffende würde alles, was während der Hypnose geschehen wäre, am

Ende der Hypnose vergessen haben, dann wüsste er noch nicht einmal, warum das so wäre. Dies würde natürlich kein seriöser Hypnotiseur der Welt machen, aber möglich wäre es ohne Weiteres."

Ungläubig schaute Manfred die Hypnosetherapeutin an. „Das kann ich mir überhaupt nicht vorstellen, dass so etwas möglich sein soll. Schließlich weiß ich doch, wie Kaffee schmeckt. Und wenn ich einen Kaffee mit klarem Wasser frisch aufbrühe, dann kann der nicht nach Salz schmecken. Ist doch logisch, oder?" „Stimmt, das ist absolut logisch", pflichtete die Hypnosetherapeutin ihm bei. „Kommen Sie, wir gehen das Ganze noch einmal logisch durch: Wann haben Sie zum ersten Mal in Ihrem Leben Kaffee getrunken?" Manfred blickt sie überrascht an. Er überlegte. „Vielleicht so mit sieben oder acht Jahren, so genau weiß ich das nicht mehr." Frau Papenfuß lächelte. „Also ist es schon sehr lange her, vielleicht dreißig oder vierzig Jahre. Bereits beim ersten Mal, als Sie Kaffee getrunken haben, haben Sie die persönliche Erfahrung gemacht, wie Kaffee schmeckt. Sie haben also ein unbewusstes Programm gebildet für den Geschmack von Kaffee. Und im Laufe der Zeit kamen hier noch viele weitere Programme hinzu, also für Kaffee mit Milch, mit Zucker, mit Zucker und Milch oder für Cappuccino. Heute haben Sie wahrscheinlich einige tausend unbewusste Programme für den Geschmack von Kaffee – eines für jede Variation. Und von diesen vielen tausend Programmen haben Sie einige wenige, die Sie besonders häufig abrufen. Das sind genau die Programme für die

Arten der Kaffeezubereitung, die Sie besonders gerne mögen - zum Beispiel Kaffee mit Milch und einem Stück Zucker oder Espresso mit zwei Stück Zucker. Und wenn Sie sich heute einen Kaffee bestellen, dann bestellen Sie diesen exakt nach Ihrer unbewussten Vorstellung, wie dieser Kaffee Ihnen am besten schmeckt. Und wenn Sie dann den ersten Schluck getrunken haben, dann lernen Sie nicht neu, wie Kaffee schmeckt. Vielmehr passiert da blitzschnell etwas ganz anderes: Sie nehmen beim ersten Schluck Geschmacksreize wahr, die sofort das zu dieser Zubereitung passende, unbewusste Programm auslösen. Und dieses Programm wird sofort, ohne dass Sie bewusst darüber nachdenken, mit Ihrem Lieblingsprogramm für Kaffeegeschmack verglichen. Wenn die Geschmacksabweichung von Ihrer unbe-wussten Vorstellung gering ist, dann trinken Sie den Kaffee mit Genuss. Ist die Geschmacksabweichung größer, dann fügen Sie vielleicht noch etwas Milch oder Zucker hinzu.

Betrachtet man das Ganze aus der Distanz, dann findet hier ein blitzartiges Zusammenspiel von tausenden unbewussten Programmen statt, über die Sie nicht eine Sekunde bewusst nachdenken. Ihrem Körper fehlt Zucker oder Koffein und schon verspüren Sie Lust auf eine Tasse Kaffee. Oder Sie setzen sich in geselliger Runde an einen Tisch. Dann sind Sie in einer Situation, in der bei Ihnen vielleicht das unbewusste Programm "Kaffeetrinken" ausgelöst wird. Wenn Sie also einen Schluck Kaffee trinken, dann sind vorher bereits eine Vielzahl von unbewussten Programmen ausgelöst worden. Diese Programme haben bei Ihnen Empfindungen ausgelöst, die schließlich zu Hand-lungen geführt haben. Und während der ganzen Zeit haben Sie nicht einmal bewusst darüber nachgedacht. So wie Sie unbewusste Geschmacksprogramme für Kaffee haben, so haben Sie diese auch für Salz und Wasser. Und jetzt kommt der Hypnotiseur daher und suggeriert Ihnen, dass jede Form von Kaffee ab jetzt wie Salzwasser schmeckt. Was passiert da, Ihrer Meinung nach?"

„Das Geschmacksprogramm für Kaffee wird ausgetauscht gegen das Geschmacksprogramm von Salz?", antwortete Manfred fragend. „Genau", stimmte Frau Papenfuß zu. „Das Geschmacksprogramm für Kaffee ist nicht weg, aber es wird nach einer solchen Suggestion einfach nicht mehr ausgelöst. Stattdessen wird dann aber das Geschmacksprogramm für Salz ausgelöst. Also schmeckt der Kaffee nach Salzwasser."

„Aber", setzte Manfred nach, „wenn das so ist, dann kann ich doch den Geschmack von Kaffee neu erlernen und neue Geschmacksprogramme bilden." „Stimmt genau", lächelte Frau Papenfuß, „funktioniert aber nicht wirklich. Da gibt es nämlich jetzt einen kleinen Haken, wodurch das Neuerlernen von Kaffee-geschmack verhindert wird: Sie haben bereits ein unbewusstes Geschmacksprogramm für Kaffee, und zwar jetzt das von Salz. Und in dem Moment wo Sie etwas bewusst neu erfahren wollen, wie in unserem Beispiel den Geschmack von Kaffee, dann wird beim ersten Geschmacksreiz automatisch abgefragt, ob bereits ein unbewusstes Programm für diesen Reiz vorhanden ist oder ob etwas neues gelernt, also ein neues Programm angelegt werden muss. Ist aber bereits ein Programm vorhanden, wie in unserem Falle jetzt das für Salz, dann wird dieses automatisch ausgelöst und der Geschmacksreiz nicht weiter beachtet. So schmeckt für den Betreffenden das, was alle anderen genüsslich als Kaffee trinken, wie Salzwasser. Sie haben nicht die Spur einer Chance, ein einmal angelegtes, unbewusstes Programm bewusst zu ändern, auch wenn Sie das noch so gerne möchten. Das liegt einfach daran, dass Ihr Unterbewusstsein eine Million mal schneller arbeitet als Ihr bewusstes Denken."

Manfreds Voreingenommenheit begann allmählich zu schwinden. Er hatte sich noch nie Gedanken darüber gemacht, wie sehr sein Leben möglicherweise durch unbewusste Programme beeinflusst werden würde. Im Gegenteil, er war bisher immer der festen Überzeugung gewesen, als rational denkender Mensch vollkommen bewusst durchs Leben zu gehen. Und nun begann er zu ahnen, dass seine Lebensqualität in hohem Maße von seinen eigenen, unbewussten Programmen abhängig sein könnte. Vielleicht wäre eine Hypnose für ihn ja genau das Richtige, um seine bedrückenden Probleme zu lösen oder sie wenigstens zu verringern. Er hörte hoch interessiert zu, als Frau Papenfuß mit ihren Erklärungen fortfuhr:

„Das Unterbewusstsein mit seinen vielen Billiarden Programmen ist aber für uns Menschen ausgesprochen praktisch. Es dient nämlich dazu, uns Menschen viel leistungsfähiger zu machen. Sie können sich das Unterbewusstsein als riesige Datenbank von Regeln und Programmen vorstellen. Hier sind für fast alle Situationen unseres Lebens unbewusste Programme vorhanden, die automatisch in einer bestimmten Situation ausgelöst werden.

Sie sind doch eben mit dem Auto hierher gefahren. Haben Sie während dieser Autofahrt bewusst darüber nachgedacht, ob Sie das Lenkrad nach rechts oder links bewegen sollten, oder haben Sie vielleicht bewusste Entscheidungen getroffen, das Gaspedal oder das Bremspedal zu betätigen? Sagen Sie mir doch bitte einmal, wie Sie Ihre Autofahrt hierher erlebt haben."

Manfred überlegte. Es dauerte eine kleine Weile, bis er antwortete. „Ehrlich gesagt, auf das Autofahren selbst habe ich mich gar nicht so richtig konzentriert. Das Fahren ging eigentlich wie von selbst, hierüber habe ich gar nicht nachgedacht. Ich war vielmehr während der ganzen Zeit mit meinen Gedanken und Problemen beschäftigt und mit der Frage, was mich jetzt wohl bei Ihnen erwarten würde." „Sehen Sie", erklärte Frau Papenfuß. „Während der gesamten Autofahrt waren Ihre unbewussten Programme am Werke. So hatten Sie Gelegenheit, über alles Mögliche nachzudenken, was mit der eigentlichen Tätigkeit des Autofahrens nichts zu tun hatte. Wäre das allerdings heute Ihre erste Fahrstunde gewesen, dann hätten Sie bestimmt an nichts anderes gedacht, als sich mit Lenken,

Bremsen und Gas geben zu beschäftigen. Heute verfügen Sie als erfahrener Autofahrer über so viele unbewusste Programme zum Thema Autofahren, dass das Fahren wie von ganz alleine geht. Das Gleiche gilt natürlich auch für alle anderen Lebensbereiche wie Fahrradfahren, Skifahren oder auch das Sprechen. Wir sind in der Lage, uns hier bei einer Tasse Kaffee flüssig zu unterhalten, ohne dass wir einen einzigen Satz mühsam und bewusst formulieren müssten."

Frau Papenfuß nahm die Kaffeekanne und schaute Manfred kurz fragend an. Er nickte. „Danke, gerne" und hielt ihr seine Tasse entgegen. Die Hypnosetherapeutin goss Kaffee nach. Als Manfred die Tasse an den Mund führte, nahm er den Geschmack des Kaffees sichtbar bewusst wahr. Frau Papenfuß grinste schelmisch. „Schmeckt noch wie Kaffee, oder?" Er fühlte sich ertappt und grinste bejahend zurück – aber es war ein nachdenkliches Grinsen.

„Aber das Unterbewusstsein beeinflusst unser Leben in noch weit höherem Maße", fuhr Frau Papenfuß fort. „Es steuert jede einzelne Zelle unseres Körpers und somit alle Körperfunktionen. Die hier angelegten, unbewussten Programme entscheiden über Gesundheit oder Krankheit, Abneigung oder Zuneigung einem anderen Menschen gegenüber oder sogar gegenüber dem Leben selbst.

Das Unterbewusstsein wertet nicht. Es reagiert nur auf jede Art von Reizen, indem es nahezu ohne jede

Zeitverzögerung blitzschnell die entsprechenden Programme aktiviert, die durch diese Reize ausgelöst werden. Hierbei ist es ihm völlig egal, ob seine unbewussten Reaktionen gut oder schlecht für uns sind. Es kann keinerlei Entscheidungen treffen, denn es verwaltet nur Erfahrungen, die zu unbewussten Programmen geworden sind. Neue Erfahrungen, lässt es nur zu, wenn es hierfür noch keine Programme gibt. Unbewusste Programme können sehr nützlich sein und uns das Leben erleichtern wie zum Beispiel beim Thema Autofahren.

Problematisch wird es allerdings, wenn jemand ungünstige unbewusste Programme hat. Diese können dann die Lebensqualität extrem verringern. Auch hierfür will ich Ihnen ein Beispiel geben: Stellen Sie sich vor, ein kleiner Junge, sagen wir mal drei Jahre alt, sitzt vor seinem Teller und möchte irgendetwas absolut nicht essen, sagen wir mal Fisch. Seine Mutter sitzt daneben, schiebt ihm ein Stück in den Mund und zwingt ihn zu schlucken. In diesem Moment empfindet das Kind Ekel und schon hat es das unbewusste Programm: Fisch ist ekelig, kann man nicht essen.

Jahre später ist der Junge ein erwachsener Mann. Das auslösende Ereignis ist längst verdrängt und vollkommen vergessen. Und der Mann fragt sich, warum er während seines ganzen Lebens eine solche Abscheu vor Fisch hatte, dass er sich noch nicht einmal überwinden konnte, jemals ein Stück zu probieren. Und das, obwohl es immer appetitlich ausgesehen hatte, wenn seine Tischnachbarn Fisch aßen."

Manfred hatte aufmerksam zugehört. Er war noch nachdenklicher geworden. Im Stillen fragte er sich, ob es in seinem Unterbewusstsein ein Programm geben könnte, das seine unerklärlichen, immer wiederkehrenden Anfälle von Eifersucht auslöste. Und wenn ja, ob man dies ändern könnte ...

„Könnte der Mann, der als Kind genötigt wurde, Fisch zu essen, seine Aversion gegen Fisch durch Hypnose beseitigen lassen?", fragte er hoffnungsvoll. „Wenn ich Sie richtig verstanden habe, dann bräuchten Sie ihn dazu doch nur in eine hypnotische Trance zu versetzen und ihm zu suggerieren, dass Fisch die leckerste Speise der Welt sei."

Entsetzt blickte die Hypnosetherapeutin ihn an. „Eine solche Wirksuggestion, so nennt man das, würde ich niemals geben. Das Fatale bei Wirksuggestionen ist, dass sie sehr sorgfältig formuliert werden müssen und dass man sich nach allen Seiten vergewissern muss, dass sie genau das enthalten, was der Klient damit erreichen möchte. Das Unterbewusstsein nimmt jede Wirksuggestion wortwörtlich an. Es interpretiert nicht. Es fragt sich nicht, was der Hypnotiseur jetzt mit dieser Wirksuggestion gemeint haben könnte. Es nimmt sie gnadenlos genauso an, wie sie gegeben wurde."

„Aber Sie haben doch die ganze Zeit von solchen Wirksuggestionen gesprochen." Manfred wirkte etwas irritiert und seine gerade aufkeimende Hoffnung begann zu schwinden. „Ich habe Ihnen anhand von Beispielen die Wirkungsweise des Unterbewusstseins erklärt", grinste die Hypnosetherapeutin.

„Lassen Sie uns doch einfach einmal gemeinsam überlegen, was man mit einer solchen Wirksuggestion tatsächlich bewirken würde. Was denken Sie?" Manfred überlegte einen Moment und schaute Frau Papenfuß verständnislos an. „Nun ja, der Mann würde gerne Fisch essen." „Stimmt", antwortete sie. „Der Mann würde gerne Fisch essen. Fisch wäre für ihn die leckerste Speise der Welt." Manfred schaute sie verständnislos an. „Das sage ich doch. Und damit wäre doch das Problem des Mannes gelöst."

„Davon bin ich nicht ganz so überzeugt", gluckste Frau Papenfuß vor Vergnügen. „Stellen Sie sich vor, der Mann sitzt mit Freunden in einem Restaurant und bestellt sich, nachdem er Fischsuppe als Vorspeise und Forelle zum Hauptgang hatte, zum Dessert nun einen Krabbencocktail, während die anderen vor ihren Eisbechern sitzen. Er kommt aber gar nicht mehr dazu, sein Dessert anzurühren, weil er bereits bei der Forelle einen allergischen Schock erleidet und mit Blaulicht in höchster Lebensgefahr ins nächste Krankenhaus gefahren wird. Die Aversion gegen Fisch hatte ihn nämlich vor seiner Fischallergie geschützt. Ob damit das

Problem des Mannes wirklich gelöst ist, wage ich zu bezweifeln", grinste die Hypnosetherapeutin.

Während Frau Papenfuß erzählt hatte, waren Manfred kalte Schauer den Rücken heruntergelaufen. Er hatte schlagartig begriffen, dass man mit Hypnose gravierende Veränderungen in kürzester Zeit herbeiführen konnte. Hierbei musste man als Hypnotiseur offensichtlich aber auch sehr umsichtig und präzise zu Werke gehen.

„Kann man?", fragte er, „eine solche Wirksuggestion, die sich als fehlerhaft herausgestellt hat, wieder korrigieren?" „Das kann man", erklärte Frau Papenfuß. „Dies setzt allerdings voraus, dass der Hypnotiseur präzise gearbeitet und die Wirksuggestion wörtlich protokolliert hat.

"Wirksuggestionen", sinnierte sie, „sind sowieso immer nur die zweitbeste Lösung. Bei der SOL Hypnose verwenden wir Wirksuggestionen so gut wie nie. Und wenn es doch irgendwann einmal nicht anders gehen sollte, zum Beispiel, wenn keine ausreichende Trancetiefe für eine analytische Hypnose erreicht werden kann, dann sprechen wir diese Wirksuggestionen vor der Hypnose ganz klar mit unseren Klienten ab. Wir formulieren sie sorgfältig und prüfen sie gemeinsam mit unseren Klienten nach allen Seiten ab. Dann wird die Wirksuggestion Wort für Wort aufgeschrieben und von unseren Klienten gegengezeichnet. Während der Hypnose lesen wir dann die Suggestion wörtlich ab.

Aber, wie gesagt, wir verwenden solche Wirksuggestionen so gut wie nie. Der wesentliche Vorteil einer Wirksuggestion besteht allerdings darin, dass sie bereits bei einer sehr geringen Trancetiefe gut vom Unterbewusstsein angenommen wird. Insofern sind Wirksuggestionen genau dann das Mittel der Wahl, wenn der Hypnotisand nur geringe Trancetiefen erreicht. Dies ist allerdings eher die Ausnahme als die Regel."

Kommunikation mit dem Unbewussten

„Was machen Sie denn stattdessen?", fragte Manfred wissbegierig. „Ganz einfach", erklärte die Hypnosetherapeutin. „Wir leiten möglichst tiefe Trancen auf absolut neutrale Weise ein, indem wir nur Wohlbefinden und Entspannung suggerieren – nichts anderes. Hiermit schließen wir aus, dass wir irgendetwas Unbeabsichtigtes suggerieren. Und wenn eine genügende Trancetiefe erreicht ist, was wir im Übrigen gut an den Augenbewegungen und den Gesichtszügen erkennen können, dann machen wir das Einfachste und Natürlichste auf der Welt: Wir fragen das Unterbewusstsein nach der Ursache des Problems. Das Unterbewusstsein weiß alles! Es weiß jedes noch so kleine Detail über uns, aber auch über alle Zusammenhänge und Dimensionen, die weit jenseits all unserer bewussten Wahrnehmungsmöglichkeiten liegen.

Unbewusst sind wir zu jedem Zeitpunkt mit allem verbunden, was existent ist – auch mit jedem anderen Menschen, aber auch mit Dimensionen und Wesenheiten, zu denen wir auf unserer bewussten, rationalen Ebene keinen Zugang haben. Diese Verbindung ist durch eine subtile, psychische Energie gegeben. Wir strahlen diese Energie über unser körpereigenes Energiefeld, unsere Aura, in Form von Energiewellen aus. Die Art dieser Energiewellen ist abhängig von unseren momentanen Gefühlen und unseren unbewussten Überzeugungen. Wir senden Energiewellen aus, die von anderen Menschen empfangen werden und zugleich empfangen wir Energiewellen. Wir stehen also immer mit unserem Umfeld unbewusst in Wechselwirkung. Die Dimension, in der diese Wechselwirkung von psychischen Energien stattfindet, ist nicht an die Dimension von Raum und Zeit gebunden, so wie wir sie täglich wahrnehmen. Diese energetische Wechselwirkung findet also auch auf tausenden von Kilometern Entfernung statt. Wie ich schon sagte, tun sich bei unseren energetischen Hypnosen weit größere Dimensionen auf, viel größer, als wir uns bewusst jemals vorstellen können – und mit ungeahnten Perspektiven für unser Leben und unser gesamtes Sein."

Manfred hatte erstaunt und ungläubig seine Augen umso weiter aufgerissen, je mehr die Hypnosetherapeutin ins Schwärmen kam. Bis jetzt war er von allem, was sie ihm bisher erklärt hatte, tief beeindruckt gewesen. Es hatte für ihn zwar stellenweise unglaublich geklungen, aber er hatte alles logisch nachvollziehen können. Und das war wichtig für ihn. Nun aber waren sie an einem Punkt angelangt, der sich jeglicher logischer Betrachtungsweise entzog. „Das klingt ja absolut fantastisch, absolut unglaublich!", entfuhr es ihm. Er blickte die Hypnosetherapeutin zweifelnd an.

„Das ist es", sagte sie. „Es ist für unser gesamtes, bewusstes Denken einfach nicht vorstellbar. Es ist durch unsere fünf Sinne nicht erfahrbar und es passt zugegebenermaßen auch nicht in ein mechanistisches Weltbild, das viele Menschen in unserem Technik- und erfolgsorientierten Umfeld haben. Aber, fuhr sie fort, es ist dennoch absolute Realität. Eine übergeordnete Realität, die sich aus dem Unbewussten erschließt und die wir als Hypnosetherapeuten bei fast allen Hypnosen immer wieder aufs Neue erfahren. Und wenn ich sage erfahren, dann meine ich hunderte und aberhunderte von minutiös protokollierten Hypnosesitzungen, die mein Kollege und ich in über zehn Jahren mitgeschrieben haben."

„Möchten Sie noch einen Kaffee?" Manfred nickte entgeistert, „ja gerne", murmelte er. Für ihn war alles, was er bis jetzt über das Unterbewusstsein, unbewusste Programme und deren Auswirkung auf das Leben erfahren hatte, absolutes Neuland – aber es war logisch nachvollziehbar. Dass er unbewusst mit allen anderen Menschen und sogar Wesenheiten in anderen Dimensionen verbunden sein sollte, erschien ihm schier unglaublich. Aber schließlich hatte Frau Papenfuß ihm sehr glaubhaft erklärt, dass sie und ihr Kollege diese Erfahrung schon bei vielen Hypnosen gemacht und sogar jede Einzelne protokolliert hätten. Sollte es tatsächlich möglich sein, dass er in einer viel größeren Realität lebte, als die, die er täglich mit eigenen Augen sehen konnte?

Manfred begann zu grübeln. Wenn die Hypnosetherapeutin recht hatte, dann würden seine urplötzlich aufsteigenden Eifersuchtsattacken vielleicht in seinem eigenen Unterbewusstsein entstehen. Die ganzen Sorgen, die ihn jetzt quälten, hätte er selbst unbewusst herbeigeführt – nicht die anderen, wie er immer geglaubt hatte. Für ihn war diese Vorstellung absolut unglaublich. Sie war sogar vollkommen absurd. Aber, grübelte er weiter, wenn es vielleicht doch so wäre, dann hätte er fast sein ganzes Leben lang unter einem Phänomen gelitten, das er gar nicht hätte beeinflussen können. Moment, noch einmal und ganz ruhig, konzentrierte er sich: Wenn es tatsächlich so sein sollte, dass sein Unterbewusstsein eine Million mal schneller war als sein bewusstes, logisches Denken, dann würde er bewusst nie etwas gegen seine Eifersuchtsanfälle ausrichten können. Dazu hätte er auch keine Chance, wenn das unbewusste Programm "Eifersucht" nur doppelt so schnell ausgeführt werden würde, als er mit seinem bewussten Denken dagegenhalten könnte. Aber eine Million mal schneller – da würde er nicht die Spur einer Chance haben, seine Eifersucht bewusst in den Griff zu kriegen.

Während ihm diese Gedanken durch den Kopf gingen, war seine Bereitschaft, sich von Frau Papenfuß hypnotisieren zu lassen, sprunghaft gestiegen. Er gierte geradezu danach, seine Eifersucht und all die Enttäuschung, die Wut und schließlich das Leid, das hiermit verbunden war, endlich loslassen zu können. Und in der Hypnose sah er nun seine Chance dazu. Diese Chance wollte er auf jeden Fall nutzen.

Mit sanfter Stimme riss ihn die Hypnosetherapeutin aus seinen Gedanken. „Und, war das jetzt ein bisschen viel auf einmal?" Es dauerte ziemlich lange, bis Manfred antwortete. „Nein, das war jetzt nicht zu viel, aber es klingt für mich so unglaublich, dass gerade mein gesamtes Weltbild durcheinandergeraten ist." Bedeutsam und entschlossen fuhr er fort: „Ich möchte gerne eine Hypnosebehandlung durchführen lassen. Ich möchte es wirklich. Ich sehe hierin nun eine echte Chance, mein Problem zu lösen. Und ich vertraue Ihnen", fügte er hinzu.

„Schön", freute sich die Hypnosetherapeutin. Sie stand auf und ging zum Wandschrank. Als sie zurückkam, hatte sie ein Schreibbrett in der Hand, an das einige Formulare geklemmt waren. Draußen war es inzwischen vollständig dunkel geworden, sodass die Lichter von gelegentlich vorbeifahrenden Autos sich in den Scheiben der hohen Rundbogenfenster widerspiegelten. Frau Papenfuß zog die raumhohen, weißen Leinenvorhänge zu. „Dies ist unser Erfassungsbogen", erklärte sie und überreichte Manfred das Schreibbrett mit den Formularen. Sie setzte sich wieder auf das Sofa und schaute Manfred an: „Dieser Bogen", fuhr sie fort, „enthält einige ganz persönliche Fragen. Es ist sehr wichtig, dass Sie ihn vollständig ausfüllen, damit ich Ihr Problem und Ihre Zielstellungen genau erfassen kann. Ich werde Sie dazu gleich für eine halbe Stunde allein lassen." Und als ob sie Gedanken lesen könnte, fuhr sie fort, „selbstverständlich werden alle Ihre Angaben ebenso wie alles, was in diesen Räumen besprochen wird, streng vertraulich behandelt. Hierzu verpflichte ich mich auf dem Beiblatt mit meiner Unterschrift." Manfred spürte, dass es langsam ernst wurde. Eine leichte Nervosität kam in ihm auf.

SOL Hypnose und die Medizin

„Bevor wir jetzt weitermachen, weise ich Sie hiermit formal darauf hin, dass es sich bei unseren Hypnosebehandlungen nicht um medizinische Behandlungen handelt. Selbstverständlich ersetzt unsere Behandlung auch keine medizinische Behandlung durch einen Arzt oder Psychotherapeuten." Manfred hob verwundert den Kopf. „Das ist mir vollkommen klar", entgegnete er. „Das brauchen Sie doch nicht besonders zu erwähnen." „Doch", entgegnete die Hypnosetherapeutin, „diese Erklärung ist sehr wichtig, um der geltenden Rechtsprechung der Bundesrepublik Deutschland Genüge zu tun. Die Ausübung der Heilkunde im medizinischen Sinne ist approbierten Ärzten vorbehalten. Daneben dürfen Heilpraktiker die Heilkunde "ohne Bestallung" ausüben. Dies ist im Heilpraktiker-Gesetz, dem sogenannten HPG, eindeutig geregelt.

Die Behandlungen, die wir in unserem Hause durchführen, sind etwas gänzlich anderes als die der Schulmedizin." Frau Papenfuß grinste schelmisch. „Stellen Sie sich vor, Sie gehen zu einem Arzt. Und dem erzählen Sie dann, Sie seien energetisch mit allem verbunden, was existent ist. Und wenn Sie ihm dann noch erklären, dass Sie diese Verbindung über Ihr Unterbewusstsein in Hypnose wahrnehmen können, was meinen Sie, würde der Arzt wohl sagen? Er würde Sie doch wohl vermutlich mitleidig anschauen und Ihnen sagen: „Aaah ja, na dann legen Sie sich mal da hin. Jetzt kommen gleich zwei junge, kräftige Herren. Die bringen Ihnen ein schickes, weißes Jäckchen mit. Das ziehen Sie dann an und gehen mit den Herren mit. Und dann wird alles wieder gut!"

„Aber Sie sind doch Hypnosetherapeutin?", fragte Manfred einigermaßen verwirrt. „Ja", antwortete Frau Papenfuß lächelnd. „Ich bin SOL Hypnosetherapeutin. Diese Berufsbezeichnung haben Herr Mooren und ich frei gewählt, um den Beruf, den wir hier ausüben, zu bezeichnen. Das dürfen wir auch in voller Übereinstimmung mit Artikel 12 des Grundgesetzes, in dem das Recht der freien Berufswahl festgelegt ist. Und ich denke, dass diese Berufsbezeichnung die therapeutischen Tätigkeiten, die wir in unserem Hause durchführen, sehr zutreffend widerspiegelt. Hiermit grenzen wir uns eindeutig von jeder Form von Showhypnose ab."

Das Wort "Therapeut", fuhr sie fort, „kommt aus dem Griechischen und bedeutet so viel wie "Behandler". Und da wir Hypnosebehandlungen durchführen, haben wir für unsere Tätigkeit den Begriff "Hypnosetherapeut" gewählt. Die Art der Hypnosen, die wir durchführen, geht aus dem Zusatz "SOL" hervor. SOL steht hierbei für den Namen unseres Hypnosezentrums: "Spirit-Of-Light". Insgesamt führen wir also Hypnosebehandlungen nach einem selbstentwickelten System durch, die mit medizinischen Behandlungen absolut nichts zu tun haben und solche natürlich auch nicht ersetzen. Und hierauf müssen wir hinweisen, was ich gerade ausführlich getan habe."

Die Hypnosetherapeutin goss sich ein Glas Wasser ein und nahm einen Schluck. „Und jetzt", fuhr sie fort, „kommen Sie ins Spiel, Herr Schneider - und mit Ihnen jeder andere unserer Klienten, der mit seinem ganz persönlichen Problem zu uns kommt. Ob es sich hierbei um eine körperliche Erkrankung, eine psychische Störung oder ein anderes belastendes Problem handelt, ist vollkommen gleichgültig. Jeder, der zu uns kommt, um sich von uns mit unserer Methode behandeln zu lassen, ist ein mündiger, freier Bürger. Und als solcher hat er selbstverständlich das Recht, in voller Eigenverantwortung selbst zu entscheiden, ob, wie und von wem er sich behandeln lässt oder nicht. Und damit er diese Entscheidung für sich treffen kann, sind wir verpflichtet, ihn darauf hinzuweisen, dass unsere Art der Behandlung eine medizinische Behandlung nicht ersetzt. Genau diese Auffassung vertritt auch das Bundesverfassungsgericht, welches mit seinem Urteil 1 BvR 784/03 hier eindeutige Rechtssicherheit geschaffen hat. Selbstverständlich geben wir auch keine Heil- oder Erfolgsversprechen ab, was im Übrigen auch höchst unseriös wäre. Diagnosen stellen wir natürlich auch nicht, und zwar erstens, weil wir das gar nicht können, geschweige denn dürfen und zweitens, weil dies bei unserer Methode auch vollkommen überflüssig ist.

In der hypnotischen Trance fragen wir einfach das Unterbewusstsein nach der Ursache des Problems. Durch gezielte Fragen, die wir aus jeder Antwort dann ableiten, und durch wiederum hieraus abgeleitete Verankerungen, veranlassen wir das Unterbewusstsein dazu, das Problem zu lösen. Und da das Unterbewusstsein alle Körperfunktionen steuert, also jede einzelne Zelle, kann es auch die Heilung von körperlichen Erkrankungen herbeiführen.

Da unsere Tätigkeit also keine medizinische ist, unterliegen wir mit unserem "Therapie- und Ausbildungszentrum für Hypnose & Mentalenergetik" auch nicht der Kontrolle durch medizinische Institutionen. Wir unterliegen mit unserer Tätigkeit der Kontrolle der Gewerbeaufsichtsbehörde."

Manfred hatte die ausführlichen Erklärungen von Frau Papenfuß hochinteressiert verfolgt. Ja, sein Entschluss stand absolut fest. Er wollte die Hypnose und hoffte inständig, hierdurch von seiner krankhaften Eifersucht geheilt zu werden. Er wollte endlich frei sein - frei von seinen irrationalen Verlustängsten und frei von seinem krankhaften Kontrollzwang. Er wollte Doris auf keinen Fall verlieren. Ja, er wollte die Hypnose. Und ja, er hatte volles Vertrauen zu seiner Hypnosetherapeutin.

„Haben Sie noch irgendwelche Fragen?", wurde er aus seinen Gedanken gerissen. Manfred blickte auf. „Nein", antwortete er, „Sie haben mir alles ausführlich erklärt und ich bin unheimlich gespannt darauf zu erfahren, wie es sich anfühlt, in Hypnose zu sein." „Prima", freute sich die Hypnosetherapeutin und deutete mit der Hand auf das Schreibbrett mit dem Erfassungsbogen. „Dann darf ich Sie jetzt bitten, diesen Bogen vollständig auszufüllen. Hier sind sehr persönliche Fragen enthalten, aber wie Sie wissen, sichere ich Ihnen meine vollste Diskretion zu. Wenn Sie einverstanden sind", fuhr sie fort, „dann lasse ich Sie jetzt für eine halbe Stunde allein und dann können Sie sich voll und ganz mit den Fragen beschäftigen."

Manfred nickte, „natürlich", antwortete er. Und während Frau Papenfuß aufstand und den Raum verließ, wandte er sich dem Erfassungsbogen zu.

Der Erfassungsbogen

Name, Adresse, Beruf und Kontaktdaten, all das füllte Manfred routinemäßig aus. Was möchten Sie mit der Hypnose erreichen? Meine Eifersucht loswerden, schoss es ihm durch den Kopf. Der Gedanke, seine Verlustängste und die hieraus entstehenden, ständigen Eifersuchtsattacken endlich loswerden zu können, elektrisierte ihn. Sein ganzes Leben lang hatte er darunter gelitten. Seine beiden vorherigen Ehen und jede Beziehung danach waren alle an seinen urplötzlich aufkommenden, unerklärlichen Eifersuchtsattacken gescheitert. Jeden und jeden Tag seines Lebens war er immer wieder damit beschäftigt gewesen, seine aufkommende Eifersucht zu unterdrücken. Das kostete viel Kraft. Und es engte ihn ein. Er wünschte sich nichts sehnlicher, als sein Leben frei von allen Ängsten gemeinsam mit Doris genießen zu können. Ja, das wollte er mit der Hypnose erreichen.

Manfred schrieb und schrieb. Er beantwortete alle siebenundzwanzig Fragen, die sich auf seine Wünsche, seine Ängste und Lebensziele bezogen, aber auch auf seinen Gesundheitszustand, gewissenhaft.

Das Vorgespräch

In dem Moment, als er gerade seine Unterschrift unter den Erfassungsbogen setzte, klopfte es an der Tür und Frau Papenfuß trat ein. „Ich bin gerade fertig geworden", beantwortete Manfred ihre unausgesprochene Frage. „Prima", lächelte die Hypnosetherapeutin und setzte sich bequem auf ihren Platz. „Dann können wir ja anfangen. Oder möchten Sie vorher noch eine kleine Pause machen?" Der Gedanke an eine Pause war für Manfred verlockend, aber er brannte förmlich darauf, mit der Hypnose zu beginnen. „Nein, von mir aus können wir direkt anfangen", antwortete er und reichte ihr den Erfassungsbogen herüber.

Frau Papenfuß fuhr fort: „Über die Wirkungsweise von unbewussten Programmen und über unsere Art der Hypnosetherapie haben wir ja ausführlich gesprochen. Das war der allgemeine Teil. Haben Sie dazu noch Fragen?" Manfred schüttelte den Kopf. „Nein, das, was Sie mir erklärt haben, klingt für mich zwar unglaublich, aber dennoch absolut logisch. Nein, dazu habe ich keine Fragen mehr." „Gut, dann kommen wir jetzt zu Ihren ganz persönlichen Problemen."

Erwartungsvoll rutschte Manfred auf seinem Sessel hin und her. Ihm war bewusst, dass es jetzt ernst werden würde und das machte ihn etwas nervös. Abwesend strich er über seinen rechten Oberschenkel.

„Eine therapeutische Hypnose", fuhr Frau Papenfuß fort, „ist eine sehr persönliche Sache, die vollkommenes, gegenseitiges Vertrauen voraussetzt. Das Unterbewusstsein ist am besten mit dem vertrauten "Du" anzusprechen. Insofern sollten wir an dieser Stelle das förmliche "Sie" aufgeben. Sind Sie damit einverstanden?" Manfred nickte erfreut. Die Hypnosetherapeutin beugte sich vor und streckte ihm ihre Hand entgegen. „Ich heiße Brigitte." Manfred gab ihr die Hand. „Ich bin der Manfred." Er spürte, wie er in diesem Moment sichtlich ruhiger wurde.

Die Hypnosetherapeutin las Manfreds Angaben auf dem Erfassungsbogen intensiv durch. Als sie damit fertig war, blickte sie Manfred freundlich an: „Deine Eifersucht stellt für dich ja wohl eine enorme Belastung dar. Wann ist dir zum ersten Mal bewusst geworden, dass du so eifersüchtig bist?"

„Ja", antwortete Manfred, „meine Eifersucht begleitet mich Tag für Tag. Das ist eine furchtbare Belastung für mich. Und auch für meine Frau", fügte er hinzu. „Bis jetzt ist jede meiner Beziehungen an meiner Eifersucht gescheitert. Wann das angefangen hat, kann ich dir gar nicht sagen. Eigentlich war es schon immer so. Um ehrlich zu sein, habe ich meine Eifersucht über viele Jahre für vollkommen normal gehalten. Die Ursache für meine Eifersuchtsattacken habe ich immer in der jeweiligen Situation gesehen."

„Und wie bist du auf die Idee gekommen, dass die Ursache für deine Eifersuchtsattacken bei dir liegen könnte?", fragte Brigitte nach. „Vor circa fünfzehn oder sechzehn Jahren, als meine zweite Ehe auf der Kippe stand, haben meine damalige Frau und ich bei einem Psychotherapeuten Hilfe gesucht. Dabei stellte sich sehr schnell heraus, dass die Ursache für unsere damaligen Probleme bei mir lag – also bei meiner krankhaften Eifersucht. Zumindest war das für den Psychotherapeuten vollkommen klar", fügte Manfred hinzu.

„Und?", sah Brigitte ihn fragend an, „hast du dich deswegen behandeln lassen?" „Ja und nein", murmelte Manfred etwas verschämt. „Ich habe eine Gesprächstherapie begonnen. Nach der fünften Sitzung habe ich diese Therapie allerdings abgebrochen." „Und warum?", schaute Brigitte ihn fragend an. „Der Grund war für mich damals denkbar einfach: Meine Exfrau war inzwischen ausgezogen und hatte die Scheidung eingereicht. In dieser Situation war mir die Therapie dann auch egal, was ich heute zutiefst bereue. Denn jetzt bin ich mit meiner Ehefrau Doris wieder an dem gleichen Punkt, an dem ich damals war."

„Gut", blickte die Hypnosetherapeutin ihn aufmunternd an. „Dann lassen wir es jetzt dabei und wenn Du einverstanden bist, dann fragen wir gleich in der Hypnose mal dein Unterbewusstsein nach der Ursache für deine Eifersucht."

Sie machte sich eine Notiz und fragte weiter: „Bei der Frage, wovor du die größte Angst hast, führst du "Angst davor, verlassen zu werden", "Angst, im Beruf zu versagen" und "Angst davor, alleine zu sein" auf, und zwar in dieser Reihenfolge. Kannst du mir hierzu etwas sagen?"

„Irgendwie hängt das wohl alles zusammen", antwortete Manfred. Er machte eine sehr lange Pause. „Wenn ich jetzt so darüber nachdenke, dann habe ich eine furchtbare Angst davor, allein zu sein. Ich kann einfach nicht alleine sein, denn dann fühle ich mich von allen verlassen und bin furchtbar traurig. Und in diese tiefe Traurigkeit steigere ich mich dann immer mehr hinein. Dann habe ich das Gefühl, von niemandem beachtet zu werden, einfach nichts wert zu sein", fügte er leise hinzu. „Meine Frau zu verlieren, wäre für mich das Allerschlimmste, was ich mir vorstellen könnte. Deshalb habe ich auch das Gefühl, immer genügen zu müssen. Und Versagen geht da gar nicht, vor allem nicht im Beruf. Deshalb setze ich mich auch ständig selbst unter Druck. Das geht auch eigentlich ganz gut. Aber wenn ich dann eine Eifersuchtsattacke bekomme, dann mache ich wieder alles kaputt."

„Dann werden wir da in der Hypnose am besten auch mal nachfragen, einverstanden?" Manfred nickte.

Brigitte blätterte in dem Erfassungsbogen. „Du schreibst hier, dass du einen hohen Blutdruck von 130/160 hast, der bei Eifersuchtsattacken sogar noch auf Werte von 250/150 steigt. Dagegen nimmst du das Medikament "Rasilez 300" ein. Du bist in ständiger Behandlung bei deinem Hausarzt und einem Neurologen und du hattest vor drei Jahren eine Operation am Kopf, und zwar wegen eines Aneurysmas an der Arteria Communicans."

„Das müsstest du mir alles bitte noch etwas näher erklären", fuhr Brigitte fort. „Was hat es zum Beispiel mit dieser Aneurysma - OP auf sich?" Manfred nahm sich abwesend eine der Trüffelpralinen, die ihn schon die ganze Zeit angelacht hatten. Während er die goldfarbene Alufolie ablöste, begann er zu erzählen:

„Unmittelbar vor dieser Sache hatte ich eine heftige Eifersuchtsattacke. Ich war völlig außer mir und hatte mich furchtbar aufgeregt. Ich war, wie man so sagt, im wahrsten Sinne des Wortes kurz vor dem Platzen. Meine damalige Partnerin hatte ein Verhältnis mit einem Arbeitskollegen. Oder, besser gesagt, ich war davon überzeugt, dass sie eines hatte. An diesem Tag war ich zu Hause und hatte mittags versucht, sie im Büro zu erreichen. Jemand sagte mir, dass sie sich für den Nachmittag frei genommen hätte und gemeinsam mit einem Kollegen weggegangen wäre. Sie ging auch nicht an ihr Handy.

Dann habe ich auf sie gewartet und hatte eine furchtbare Angst, sie zu verlieren." Manfred schluckte. „Die Stunden vergingen, aber sie kam nicht. Und während ich auf sie wartete begann eine heftige Eifersuchtsattacke in mir aufzusteigen. Je länger es dauerte, desto mehr kreisten meine Gedanken und ich wurde wütender und wütender." Es fiel Manfred sichtlich schwer, ruhig zu bleiben. Abwesend rieb er sich über seinen rechten Oberschenkel als er weitererzählte: „Schließlich war ich so wütend und fühlte mich so verletzt, dass ich anfing, ihre Koffer zu packen. Besser gesagt, ich habe ihre Kleider von den Bügeln gerissen und in die Koffer geworfen. Ich wollte ihr die Koffer vor die Tür setzen und das Schloss austauschen. Das hatte ich früher schon öfter so gemacht.

Und als ich den nächsten Koffer öffnete, muss ich wohl so eine Art "Schlag" bekommen haben. Jedenfalls hatte ich urplötzlich wahnsinnige Kopfschmerzen, mir wurde schwarz vor Augen und dann bin ich wohl umgefallen. Wie lange ich zwischen den halb gepackten Koffern gelegen habe, weiß ich nicht. Es könnten wohl eine oder vielleicht auch zwei Stunden gewesen sein. Dann wurde ich wieder wach und richtete mich auf. Das hat aber sehr lange gedauert, weil ich alles wie in Zeitlupe wahrgenommen habe, aber nach einiger Zeit konnte ich mich wieder fast normal bewegen. Nur die wahnsinnigen Kopfschmerzen waren noch da.

Dann kam meine ehemalige Partnerin nach Hause und war natürlich vollkommen entsetzt. Zum Glück bemerkte sie blitzschnell, in welcher Verfassung ich war und rief sofort den Rettungswagen. Als die Rettungssanitäter kamen, habe ich wieder das Bewusstsein verloren und das nächste, an das ich mich erinnern kann, ist der Aufwachraum des Krankenhauses. Kaum hatte ich die Augen auf, stieg wieder diese unendliche Wut in mir auf und ich begann im Aufwachraum zu randalieren. Zwei Pfleger mussten mich festhalten. Das tut mir alles so unendlich leid." Während er das sagte, schossen Manfred die Tränen in die Augen. Er schluchzte laut auf. Dann begann er bitterlich zu weinen.

Die Hypnosetherapeutin griff ruhig unter die Tischplatte und holte eine bereits geöffnete Box mit Kosmetiktüchern hervor. Wortlos hielt sie Manfred die Box hin. Immer noch schluchzend zog er zwei Tücher heraus und Brigitte stellte die Box vor ihn auf den Tisch. Entspannt setzte sie sich dann auf ihr Sofa zurück und wartete geduldig ab, bis Manfred sich beruhigt hatte.

„Entschuldige bitte", schaute Manfred sie verschämt an. „Ich weiß auch nicht, wie das jetzt passieren konnte." „Hier gibt es nichts zu entschuldigen", erklärte Brigitte ihm freundlich. „Dass in diesen Räumen Emotionen hochkommen und Tränen fließen, ist vollkommen normal. Dafür stehen ja auch die Papiertücher da." Brigitte wartete noch eine kleine Weile, bis sich Manfred wieder beruhigt hatte und fuhr dann mit ihren Fragen fort:

„Und was ist da jetzt genau passiert?", fragte sie. Manfred blickte sie gefasst an: „Ich war wohl während des Kofferpackens so in Rage, dass sich ein Aneurysma, also eine Gefäßerweiterung, an einer Arterie im

Kopf gebildet hatte. Unmittelbar, nachdem man mich ins Krankenhaus gebracht hatte, haben die Ärzte eine Notoperation durchgeführt. Und als ich danach im Aufwachraum wieder wach wurde, war ich von meinen Gefühlen her wohl noch in der Situation, in der ich beim Kofferpacken gewesen bin. Es hat eine ganze Weile gedauert, bis ich überhaupt realisiert hatte, was passiert war. Auf jeden Fall bin ich meiner damaligen Partnerin und den Ärzten zutiefst dankbar. Wie der Chirurg mir später sagte, stand mein Leben wohl auf Messers Schneide. Das ist jetzt etwa drei Jahre her."

Manfred atmete hörbar auf. Er war froh, dass er dieses Erlebnis in aller Offenheit erzählt hatte. Er fühlte sich sichtlich erleichtert.

„Ist diese Krankheit jetzt völlig ausgeheilt oder beeinträchtigt sie dich noch in irgend einer Weise?", fragte Brigitte. „Das ist zum Glück vollkommen ausgestanden. Das einzige Problem, was ich noch habe, ist mein hoher Blutdruck. Deshalb bin ich ständig in ärztlicher Behandlung und muss regelmäßig Blutdrucksenker nehmen. Hinzu kommt, dass ich häufig Magenbeschwerden und Schwindelgefühle habe. Das geht schon seit etlichen Jahren so. Durch den ständig hohen Blutdruck habe ich inzwischen auch Herzprobleme." „Herzprobleme?", fragte Brigitte. „Und wie äußern sich die?" „Davon merke ich eigentlich gar nichts", erklärte Manfred, „aber ich werde natürlich regelmäßig seit Jahren medizinisch untersucht und dabei haben meine Ärzte festgestellt, dass ich inzwischen einen verdickten Herzmuskel habe."

„Also ist dein einziges, wenn auch offensichtlich ziemlich gravierendes, gesundheitliches Problem dein Bluthochdruck?", hakte Brigitte nochmals nach. „Ja", antwortete Manfred. „Aber das reicht mir auch völlig", grinste er.

„Die Fragen nach Sucht und Anfallserkrankungen, Zuckerkrankheit und psychischen Erkrankungen hast du ja auch im Erfassungsbogen verneint", bestätigte Brigitte. „Aber hier frage ich lieber immer noch mal nach." „Warum möchtest du das denn alles so genau wissen?", erkundigte sich Manfred.

„Ganz einfach deshalb, weil es sehr wichtig ist", erklärte Brigitte. „Ich werde dich gleich, wenn du dann immer noch möchtest, in den Zustand einer hypnotischen Trance versetzen. In diesem Zustand arbeitet dein Gehirn auf absoluten Hochtouren. Dabei verbraucht es sehr viel Zucker. Wenn du jetzt Diabetiker wärest, dann könntest du dich medikamentös darauf einstellen. Wenn du jetzt zum Beispiel Allergien hättest, sagen wir mal eine Pollenallergie, dann würde ich während der Hypnose jede Situation vermeiden, in der du mit Pollen konfrontiert werden würdest.

Und wenn du eine Anfallserkrankung hättest, zum Beispiel Epilepsie oder Asthma, dann würde ich dich gar nicht hypnotisieren. Denn dann könnten wir während der Hypnose möglicherweise in eine Situation kommen, die ich nicht mehr kontrollieren könnte. Und damit so etwas nicht passiert, ist jede Form von Hypnose bei Klienten, die unter Anfallserkrankungen leiden, absolut ausgeschlossen."

Manfred schaute Brigitte mit großen Augen an. Ihm wurde mehr und mehr bewusst, dass man eine Hypnose mit äußerster Sorgfalt vorbereiten musste. Genau das passierte hier gerade und er fühlte sich gut aufgehoben. „Und was passiert mit meinem Bluthochdruck während der Hypnose?", fragte er gespannt. „Der macht mir mehr Arbeit", grinste Brigitte. „Während einer Hypnose senkt sich der Blutdruck ab und damit auch die Körpertemperatur. Hättest du jetzt einen extrem niedrigen Blutdruck, dann würde ich dich jetzt bitten, vor der Hypnose mit deinem Arzt zu sprechen, damit er dir sagen kann, ob eine Hypnose durchgeführt werden kann oder nicht. Bei dir ist jetzt genau das Gegenteil der Fall. Du hast trotz deiner Blutdrucksenker immer noch wesentlich erhöhte Blutdruckwerte. Das bedeutet, dass dein Körper auch dann noch auf Hochtouren arbeitet, wenn du vollkommen entspannt auf einer Liege liegst. Und das bedeutet für mich wiederum, dass ich vermutlich länger brauche, um dich in die erforderliche Trancetiefe zu bringen. Und das meine ich mit "mehr Arbeit", grinste Brigitte. „Spaß beiseite", fuhr sie mit ihren Erklärungen fort. „Eine Hypnose wird von den Hypnotisanden, so nennen wir denjenigen, der hypnotisiert wird, als sehr entspannend empfunden. Für den Körper stellt sie aber eine große Anstrengung dar. Puls und Blutdruck senken sich ab und auch der Zuckerspiegel. Gleichzeitig sinken die Hirnfrequenzen deutlich ab, was nicht das Schlechteste ist", schmunzelte sie. „Und dabei kühlt der Körper noch aus, wogegen wir aber schöne, warme Decken haben", erklärte Brigitte. „Insgesamt sollte eine Hypnose daher maximal fünfundvierzig Minuten dauern, in Ausnahmefällen auch mal ein paar Minuten länger, aber nicht wesentlich."

„Wenn du einverstanden bist", fuhr sie fort, „dann können wir während der Hypnose auch dein Unterbewusstsein bitten, deine Selbstheilungskräfte zu aktivieren, damit dein Unterbewusstsein so dein Blutdruckproblem löst." Manfred riss die Augen weit auf. „Das ist doch jetzt nicht dein Ernst, oder? Ich habe seit mindestens fünfundzwanzig Jahren mit meinem Bluthochdruck zu kämpfen und du fragst mich jetzt ganz beiläufig, ob du den mal eben mit weg hypnotisieren sollst." „So in etwa", grinste Brigitte vergnügt. „Einfach weg hypnotisieren - geht nicht! Aber ich habe dich gefragt, ob es von dir gewünscht ist, dass ich dich, beziehungsweise dein eigenes Unterbewusstsein, während der Hypnose einmal frage, ob du deine Krankheit noch brauchst und, wenn nicht, ob es dann deine Körperfunktionen künftig so steuern kann, dass schrittweise eine deutliche Verbesserung eintritt, bis du das Problem schließlich ganz los bist. Fragen kann man doch mal, oder? Aber natürlich nur, wenn du das möchtest", fügte sie hinzu.

Manfred blickte sie ungläubig an. Er verstand die Welt nicht mehr. Alles, was er bisher gehört hatte, war für ihn vollkommen neu, fremd, es klang unglaublich – aber es war logisch. Aber dass sein eigenes Unterbewusstsein – also er selbst jetzt seine chronische Krankheit heilen sollte, das klang absolut fantastisch. Diese Vorstellung lag für ihn außerhalb jeglichen Vorstellungsvermögens. Und trotzdem war es, wie er sich gerade selbst eingestehen musste, absolut logisch. Wenn das Unterbewusstsein alle Körperfunktionen und jede noch so kleine Körperzelle steuerte, dann konnte es natürlich auch Krankheiten heilen.

„Ja oder ja?", riss Brigitte ihn aus seinen Gedanken. „Ein klares, eindeutiges und ganz bestimmtes "ja", antwortete Manfred hoffnungsvoll. „Gut, dann werde ich während der Hypnose dein Unterbewusstsein bitten, deine Selbstheilungskräfte zu aktivieren." Brigitte machte sich eine Notiz auf dem Erfassungsbogen.

„Nur auf eines möchte ich dich an dieser Stelle nochmals ganz deutlich hinweisen: Es gibt keine Garantie, dass du in die hypnotische Trance gehst und es gibt auch keine Garantie, dass du dein Eifersuchtsproblem und dein Blutdruckproblem lösen kannst. Aber", fügte sie schelmisch hinzu, „dein Unterbewusstsein und ich werden unser Bestes tun, um dir zu helfen."

„So", fuhr Brigitte fort, „ich denke, wir haben jetzt alles ausführlich besprochen. Möchtest du nun eine

Hypnosetherapie machen oder hast du vielleicht noch Fragen?" „Ja", antwortete Manfred, „von mir aus können wir direkt anfangen." Er konnte die Hypnose kaum abwarten.

„Prima, dann machen wir jetzt eine kurze Pause. Du solltest bei dieser Gelegenheit vielleicht die Toilette aufsuchen, damit du mir nicht gleich während der Hypnose von der Liege hopst", grinste Brigitte.

„Ach übrigens, eine Frage hätte ich noch", sah die Hypnosetherapeutin ihn konzentriert an. „Was ist eigentlich mit deinem rechten Oberschenkel?" Manfred blickte sie vollkommen überrascht an. „Das hast du gemerkt? Mit dem Bein ist nichts, gar nichts, sagen zumindest meine Ärzte. Ich habe hier ab und zu, meistens wenn ich aufgeregt bin, stechende Schmerzen. Aber das ist vollkommen unerklärlich, weil das Bein organisch wohl vollkommen gesund ist. Die Ärzte finden nichts. Mein Neurologe tippt auf eine somatoforme Störung, also auf einen Phantomschmerz. Für mich ist es allerdings eine reale Störung, denn es tut manchmal verdammt weh", fügte er hinzu. „Kannst du da auch mal nach fragen?", fragte er hoffnungsvoll.

„Na klar, machen wir", grinste die Hypnosetherapeutin ihn an und machte sich eine Notiz. „In zehn Minuten bin ich wieder da und dann legen wir los, einverstanden?" Manfred nickte, „na klar, ich kann es kaum erwarten." Aber im Stillen war er ganz froh, noch ein paar Minuten entspannen zu können, nachdem die Hypnosetherapeutin den Raum verlassen hatte.

Die positive Ressource

Erwartungsvoll saß Manfred in seinem Sessel als es an der Tür klopfte und Brigitte den Raum betrat. „So", sagte sie aufmunternd, „dann wollen wir mal. Bevor wir jetzt anfangen, brauche ich noch ein Wort von dir. Und zwar ein Wort, mit dem du für dich ganz persönlich ein richtig, tolles, positives Gefühl verbindest. Das Gefühl und die Situation die du mit diesem Wort verbindest brauche ich nicht zu wissen. Ich brauche nur das Wort, das bei dir dieses positive Gefühl auslöst.

„Rennrad", antwortete Manfred spontan. „Ich hatte ein tolles Erlebnis mit einem Rennrad, als ich ein kleiner Junge war." Manfred strahlte. „Soll ich Dir das jetzt erzählen?" „Nein", lächelte Brigitte, „das Wort "Rennrad" genügt mir vollkommen. Wir nennen das eine "Positive Ressource". Und das ist für mich so etwas wie ein Anker, den ich werfen kann, wenn du in der Hypnose zu emotional werden solltest. Dann sage ich einfach "Rennrad" und du bist dann sofort in dem Gefühl, das du mit diesem Wort verbindest." Brigitte notierte sich das Wort auf dem Erfassungsbogen.

Vorbereitung der Hypnose

„Dann folge mir bitte unauffällig." Brigitte öffnete die Tür zum Nachbarraum. Sie trat ein und Manfred folgte ihr. „Das ist unser Behandlungsraum", erklärte Brigitte. Auch dieser Raum ähnelte mehr einem Wohnraum als einem Behandlungszimmer, wenn dort nicht eine Behandlungsliege gewesen wäre, die mit einer schneeweißen Wolldecke überspannt war. An der einen Seite des Raumes befanden sich zwei der raumhohen Rundbogenfenster, die Manfred schon aus dem Besprechungsraum kannte. Entlang den Wänden standen Schränke und Bücherregale. Alles wirkte sehr gemütlich und beruhigend.

„Wenn du bitte die Schuhe ausziehen würdest und deinen Gürtel, und wenn du auch bitte alles Metall, was du nicht immer trägst, was also nicht zum System gehört, ablegen würdest, wäre das prima. Da kannst du die Sachen ablegen." Sie deutete auf einen Sessel in der Ecke des Raumes. „Einen Ehering, den du immer trägst, kannst du gerne anbehalten." Manfred zog sich die Schuhe aus und stellte sie fein säuberlich vor den Sessel. „Die Uhr auch?", fragte er, nachdem er seinen Gürtel abgelegt hatte. „Trägst du die Uhr auch nachts, also vierundzwanzig Stunden am Tag und das an jedem Tag?", fragte Brigitte. „Natürlich nicht", antwortete Manfred. „Dann die Uhr auch", lächelte Brigitte.

„Was wir gleich machen werden, ist eine energetische Hypnose", erklärte sie. „Hierbei werde ich die universale Energie, mit der wir alle zu jedem Zeitpunkt über unsere Aura verbunden sind, verstärkt in uns beide einfließen lassen, indem ich ganz einfach und in Dankbarkeit darum bitte. Mit Aura meine ich übrigens das Energiefeld, das jeden Menschen umgibt. Auf diese Weise", erklärt sie weiter, „kann ich den Dialog mit deinem Unterbewusstsein sowohl verbal als auch energetisch zur gleichen Zeit führen. Das heißt, dass wir energetisch so miteinander verbunden sein werden, dass mir intuitiv die richtigen Fragen und Verankerungen einfallen, um dein Unterbewusstsein zu veranlassen, deine Probleme zu lösen - hoffe ich jedenfalls", fügte sie schelmisch hinzu. „Und dabei wollen wir doch keine Störfelder durch deine Uhr haben, oder?" „Ist ja schon gut", gab Manfred mit einem Lachen in seiner Stimme nach und legte die Uhr ab. Brigitte zog noch ihren Schlüssel aus der Hosentasche und legte ihn in ein Regalfach.

„So", sagte sie, dann lege dich bitte auf die Liege. Manfred schaute sie fragend an. „Mit dem Kopf nach hier oder nach da?", fragte er. „Mit dem Kopf nach da", sagte Brigitte und deutete auf das halbrunde Kissen, das mit einem frischen, weißen Tuch bedeckt war. Manfred setzte sich auf die Liege und legte sich dann auf den Rücken. Brigitte positionierte das kleine Kissen genau unter seinem Nacken und fragte: „Ist das angenehm so?" Manfred drehte den Kopf nach rechts und nach links. „Oh ja, sehr, danke". „Dieses komische, kleine Kissen nennt man Nackenhörnchen. Es stützt den Nacken sehr gut ab, insbesondere wenn man länger auf dem Rücken liegt", erklärte Brigitte.

Sie ging zu seinen Füßen. „Könntest du bitte die Beine mal ein wenig anheben?" Manfred hob seine gestreckten Beine an. „Gut für die Bauchmuskeln", scherzte Brigitte und schob das keilförmige, dicke Venenkissen unter seinen Beinen in die richtige Position. „Jetzt kannst du deine Beine wieder ablegen", forderte sie ihn auf. „Liegst du bequem so?" Für Manfred war die Lage, in der seine Beine über die gesamte Länge abgestützt waren, sehr ungewöhnlich. Aber es war ausgesprochen bequem. „Ja", antwortete er, „das ist sehr bequem." „Ja", erklärte Brigitte, „so wird die Wirbelsäule wirksam entlastet. Und jetzt ziehe ich dir noch die Hosen stramm", gluckste sie und zupfte im selben Moment leicht an seinen Hosenbeinen. „Das mache ich, damit sich im Bereich der Kniekehlen keine Druckstellen bilden. In der Hypnose empfindest du jede noch so kleine Berührung viel stärker als mit dem Tagesbewusstsein", erläuterte sie. „Und dann kann eine kleine Hosenfalte schon ausgesprochen unangenehm sein."

„Möchtest du zugedeckt werden?" „Eigentlich nicht", antwortete Manfred. „Ich finde es ziemlich warm hier." „Das ist es auch, aber dein Körper könnte in der Hypnose ziemlich auskühlen. Und bevor du nachher frierst, würde ich an deiner Stelle doch lieber eine Wolldecke nehmen." „Na gut", willigte Manfred ein, „wenn du meinst."

Brigitte nahm eine große, kuschelige, weiße Wolldecke und deckte Manfred bis zum Hals zu. „Die Arme bitte draußen lassen", forderte sie Manfred auf, „die decke ich jetzt mit den Zipfeln der Decke separat zu. Auf diese Weise bist du schön warm eingepackt und kannst trotzdem deine Arme frei bewegen, wenn dir danach ist." Brigitte ging zu den Füßen, zog die Decke glatt und steckte die Zipfel oberhalb des Venenkissens routiniert zwischen seine Füße. Dann zog sie noch kurz die Zehenspitzen frei, damit sich auch hier keine Druckstellen bilden konnten.

Entspannt setzte sie sich auf den Rollhocker an Manfreds rechter Seite und stützte sich leicht mit beiden Händen auf der Liege ab. „Bist du aufgeregt?", fragte sie ihn mit veränderter, sehr ruhiger und freundlicher Stimme. „Ein bisschen schon", gab Manfred zu. „Das ist ganz normal bei der ersten Hypnose, aber das legt sich gleich. Schließe einfach deine Augen, atme ruhig und gleichmäßig und entspanne dich dabei, so gut es geht. Es passiert dir gar nichts, großes Indianer - Ehrenwort. Ich mache uns jetzt noch etwas Musik und schalte die helle Wandbeleuchtung aus. Du kannst dich absolut darauf verlassen, dass ich während der gesamten Hypnose an deiner Seite bin. Du bist vollkommen sicher."

Brigitte stand langsam auf. Dann ging sie sehr langsam zum Lichtschalter. Sie schaltete die Wandbeleuchtung aus und die Musik ein. Der ganze Raum war nun in ein angenehm diffuses Licht getaucht, das die Bodenlampen ausstrahlten. Es war hell genug, dass sie ohne jede Anstrengung lesen konnte, aber gleichzeitig auch so gedimmt, dass das Licht nicht als störend empfunden wurde oder blendete. Es ertönte eine sehr leise, beruhigende Musik, die aus scheinbar wahllos aufeinanderfolgenden Tönen und Klängen bestand, die sanft ineinander übergingen.

Brigitte setzte sich wieder behutsam auf den Hocker und sah Manfred an, der mit geschlossenen Augen da lag und ruhig atmete. Dann rollte sie etwas zurück und konzentrierte sich auf die bevorstehende Hypnose. Brigitte spürte, wie eine unendliche Dankbarkeit in ihr aufstieg, diese Arbeit machen zu dürfen. In diesem Gefühl der grenzenlosen Dankbarkeit wurde sie sich ihrer ständigen, unbewussten Verbindung zu allem, was existent ist, bewusst. Zugleich spürte sie die gewaltige Kraft in sich aufsteigen, die in dieser Verbindung mit allen Dimensionen des Seins ihren Ursprung hatte. In Gedanken bat sie um die Energien des Lichts zum höchsten Wohle von Manfred und somit zum höchsten Wohle von allem, was ist – was auch immer das höchste Wohl sein mochte. Sie spürte, wie sich ihre Aura mit der von Manfred verband und wie ihre Schwingungen begannen, mit denen von Manfred mehr und mehr in Resonanz zu treten. Sie war vollkommen erfüllt von Liebe, Harmonie und Dankbarkeit.

Dann atmete Brigitte tief durch und sah auf die kleine Uhr auf dem Regal neben Manfreds Kopf. Sie nahm ihr Schreibbrett und notierte akribisch: Beginn: 18:47 Uhr. Sie rollte ein Stückchen nach vorne und sprach Manfred mit sehr sanfter und ruhiger Stimme an:

„Öffne bitte deine Augen." Manfred öffnete seine Augen und sah sie abwesend an. „Können wir anfangen?", fragte sie. „Ja." „Gut", bestätigte die Hypnosetherapeutin ihn sanft. „Ist es dein freier Wunsch und Wille, in diese Hypnose zu gehen, also in eine tiefe Entspannung zu sinken und in dieser zu sein?" Manfred nickte. Während sie sprach, hatte Brigitte ihre rechte Hand etwa vierzig Zentimeter über Manfreds Augen gehalten und sie bewegte nun leicht das Dreieck, das sie mit ihrem Daumen, ihrem Zeige- und ihrem Mittelfinger bildete. „Ja", antwortete Manfred. „Gut, dann folge jetzt bitte diesem Punkt zwischen meinen drei Fingern mit Deinen Augen.

Einleitung durch Augenfixation

Brigitte bewegte ihre Finger langsam nach rechts und dann wieder nach links. Manfreds Pupillen folgten der Bewegung. Sie waren genau auf den Punkt zwischen Brigittes Fingern fixiert. Ruhig und gleich-mäßig bewegte sie den Punkt von rechts nach links und wieder zurück, wobei der Abstand zu Manfreds Augen immer genau gleich blieb. Die Bewegungen erfolgten wie von selbst. Brigittes volle Konzentration war auf die Pupillen von Manfred gerichtet, die sie mit ihren Bewegungen steuerte. Mit jeder dieser waagerechten Bewegungen führte sie die Pupillen ein wenig nach oben, sodass Manfreds Blick in Richtung seiner Augenbrauen gelenkt wurde. Dabei bewegten sich die Pupillen gleichmäßig von rechts nach links.

Manfred lag bequem auf der Liege und konzentrierte sich darauf, dem Punkt zwischen Brigittes Fingern zu folgen. Er empfand es inzwischen als äußerst anstrengend und es wurde immer mühsamer, je weiter er seine Augen nach oben bewegen musste. Es gelang ihm kaum noch, seine Augen offen zu halten und er spürte, wie er blinzelte.

„Deine Augen blinzeln schon", hörte er die vertraute Stimme von Brigitte sagen, „vielleicht werden deine Augen immer müder und müder und vielleicht verspürst du den Wunsch, deine Augen zu schließen."

Ja, Manfred fühlte, wie müde seine Augen wurden und er wünschte sich in diesem Moment tatsächlich nur eines, nämlich seine Augen schließen zu dürfen. Angestrengt folgten seine Pupillen dem gleichmäßig hin und her wanderten Punkt zwischen Brigittes Fingern. Es wurde immer mühsamer.

„Ich zähle jetzt von drei bis eins und bei eins angekommen, werde ich deine Stirn berühren. Dann schließt du deine Augen und gleitest sofort in eine angenehme, tiefe Entspannung, in eine tiefe, hypnotische Trance."

Manfreds Pupillen gelang es kaum noch, dem Punkt zu folgen. Seine Augen waren äußerst angestrengt und er sehnte sich nur danach, endlich die erlösende Zahl eins zu hören.

„Drei", sagte die Stimme, sanft aber akzentuiert – "zwei" – "eins."

Er spürte, wie seine Stirn bei der Zahl "eins" berührt wurde. Das war für ihn das erlösende Signal. Die Augen fielen ihm zu und er ließ sich einfach fallen, fallen in eine tiefe, angenehme Entspannung.

Für Manfreds Empfinden hatte es eine Ewigkeit gedauert, bis er endlich seine Augen schließen durfte. In Wirklichkeit hatte es gerade einmal dreißig Sekunden gedauert.

Der Rapportaufbau

Brigitte rollte etwas von der Liege zurück. Sie hatte den Blick ganz auf Manfreds Augen und seine Atmung gerichtet, die ruhig und gleichmäßig war.

„Immer tiefer und tiefer gleitest du in die angenehme Entspannung, in eine tiefe, hypnotische Trance. Immer tiefer und tiefer."

Brigittes Stimme klang ruhig und sanft, aber dennoch fest und akzentuiert. Dabei zog sie die Vokale etwas in die Länge und sprach in einem wellenförmigen Rhythmus.

„Konzentriere dich bitte nur auf meine Stimme und auf die angenehme Musik im Hintergrund."

Und mit jedem Wort meiner Stimme und mit jedem Ton der Musik, gleitest du tiefer und tiefer in die angenehme, tiefe Entspannung."

Manfred schluckte sichtbar und es war auch ein leichtes Bauchgluckern zu hören. "Schluckreflex" und "Bauchgluckern", "Trancetiefe Stufe I", stellte Brigitte fest. Der Junge fängt an, wegzugehen.

„Alle anderen Geräusche sind dir vollkommen gleichgültig. Sie lassen dich nur noch tiefer und tiefer in die angenehme, tiefe Entspannung gleiten."

Tiefer und tiefer, immer tiefer.

Immer, wenn ich während dieser Hypnose das Wort "Rennrad" zu dir sage, dann bist du sofort in dem angenehmen Gefühl, das du mit dem Wort "Rennrad" verbindest."

Manfred hatte ein glückliches Lächeln auf den Lippen und seine Augenlider begannen leicht zu flattern. Er fühlte sich sichtbar wohl. "Anfang Trancetiefe Stufe II", also Anfang Zweier, dachte Brigitte zufrieden.

„Während dieser gesamten Hypnose wirst du die deutsche Sprache in der heutigen Form verstehen und mir auf alle meine Fragen nur in der deutschen Sprache antworten, und zwar so, wie wir sie heute sprechen.

Solltest du während dieser Hypnose meine Stimme für mehr als drei Minuten nicht wahrnehmen oder verstehen, dann bist du sofort vollkommen wach, konzentriert und orientiert im Hier und Jetzt, heute, am 30. November 2012, in vollständiger Gesundheit an Körper, Geist und Seele."

Das Lidflattern von Manfreds Augenlidern hatte sich noch etwas verstärkt. "Stabiler Zweier", stellte Brigitte für sich fest.

„Immer, wenn ich dich während einer Hypnose an der Stirn berühre, so wie jetzt (Brigitte berührte Manfred leicht an der Stirn), dann gleitest du noch zehn Mal tiefer in die angenehme, tiefe hypnotische Trance.

Immer, wenn ich dich während dieser Hypnose an deiner rechten Schulter berühre, dann öffnest du deine Augen, bist scheinbar wach, verbleibst aber im Zustand der tiefen, hypnotischen Trance."

Vertiefung

„Tiefer und tiefer, immer tiefer gleitest du in die angenehme, tiefe hypnotische Trance, immer tiefer und tiefer.

„Und je tiefer du in die Entspannung gleitest, desto wohler und wohler fühlst du dich. Und je wohler du dich fühlst, desto tiefer und tiefer gleitest du in die tiefe, angenehme Entspannung. Immer tiefer und wohler. Immer wohler und tiefer."

Manfred befand sich jetzt in einer stabilen, mittleren Trancetiefe, was die Hypnosetherapeutin an den flatternden Augenlidern gut ablesen konnte. In diesem Zustand würde er jede Wirksuggestion dauerhaft annehmen. Aber für die direkte Frage nach der Ursache seiner massiven Probleme reichte diese Trancetiefe noch nicht aus. Brigitte wusste aus Erfahrung, wie Manfred seinen derzeitigen Zustand empfand:

Manfred lag in vollkommener, tiefer Entspannung bequem auf seiner Liege. Er gab sich seinen angenehmen, inneren Bildern hin, die immer wieder in ihm aufflackerten. Dabei fühlte er sich vollkommen wach, frisch und aufmerksam. Er hatte das Gefühl, jederzeit seine Augen öffnen und aufstehen zu können. Aber das wollte er gar nicht. Er gab sich seinen inneren Bildern hin. Ihm war alles vollkommen egal. Immer wieder störte ihn sein eigenes Bewusstsein mit der Feststellung: Ich bin gar nicht in Hypnose. Es hat nicht funktioniert. Aber auch das war ihm vollkommen egal.

Katalepsie des rechten Beines

Brigitte überlegte kurz, ob sie die Trance nun weiter vertiefen oder, ob sie Manfred zuvor noch beweisen sollte, dass er tatsächlich in Hypnose war. Danach würde die erforderliche Trancetiefe bestimmt erreicht werden. Sie blickte auf die Uhr. Ihr war klar, dass alles, womit sie sich jetzt aufhalten würde, von der dringend benötigten Zeit für die spätere Arbeitsphase abgehen würde. Eine Levitation des Armes mit anschließender Katalepsie schied aus. Das "automatische" Anheben eines Armes mit anschließender Versteifung würde viel zu lange dauern. So entschied sie sich dafür, Manfreds rechtes Bein kurz zu versteifen. Dafür wollte sie eine Minute opfern.

„Ich werde jetzt dein rechtes Bein ein paar Mal leicht berühren". Unmittelbar nachdem sie die Berührung angekündigt hatte, strich Brigitte mehrfach sanft über Manfreds zugedecktes rechtes Bein. Während sie so leichte Impulse von der Hüfte bis zu den Zehenspitzen setzte, begann sie zu suggerieren:

„Dein rechtes Bein wird vollkommen steif, vollkommen steif wird dein rechtes Bein. Immer steifer und steifer. Dein rechtes Bein ist vollkommen steif und unbeweglich. Das Bein ist gut durchblutet, vollkommen steif und unbeweglich. Du kannst dein rechtes Bein nicht mehr bewegen. Und je mehr du versuchst dein rechtes Bein zu bewegen, desto weniger wird es dir gelingen. Dein rechtes Bein ist vollkommen steif."

Die Fraktionierung

Manfreds Augenlider flatterten immer noch, jetzt allerdings etwas weniger als vorher. Brigitte sprach ihn sanft an:

„Ich werde dich jetzt an deiner rechten Schulter berühren."

In dem Moment berührte Brigitte leicht Manfreds Schulter. Manfred öffnete die Augen und sah Brigitte teilnahmslos an.

„Geht es dir gut?", fragte Brigitte sanft. „Ja", murmelte er. Er fühlte sich einfach nur gestört und wollte wieder zurück zu seinen inneren Bildern.

„Versuche bitte einmal, dein "linkes" Bein zu bewegen." Manfred bewegte seinen linken Fuß etwas und zog das Bein ein wenig an. „Gut", lobte die Hypnosetherapeutin. „Und nun versuche bitte einmal, dein „rechtes" Bein zu bewegen." Manfred verzog ein wenig das Gesicht und schien sich anzustrengen, aber sein rechtes Bein blieb vollkommen bewegungslos. „Geht nicht?", fragte Brigitte sanft. Manfred schüttelte leicht den Kopf.

Brigitte berührte Manfred mit ihrem Mittelfinger leicht an der Stirn. „Tiefer, immer tiefer und noch tiefer gleitest du in die angenehme, tiefe hypnotische Trance. Ich werde dich mehrfach leicht an deinem rechten Bein berühren." Mit diesen Worten begann Brigitte wieder leichte Impulse zu setzen.

„Dein rechtes Bein wird vollkommen locker. Vollkommen locker und beweglich ist dein rechtes Bein. Du kannst dein rechtes Bein wieder ganz normal bewegen."

In dem Moment, in dem Brigitte Manfreds Stirn berührt hatte, war er sofort wieder tief in die hypnotische Trance geglitten. Das zeigte sich an seinem heftigen Lidflattern. Sein Bewusstsein war auch ruhiger geworden. Ihm war jetzt vollkommen klar: Ja, es funktioniert, ich bin in Hypnose.

Brigitte schaute auf die kleine Digitaluhr im Regal — 18:54 Uhr. Sieben Minuten sind schon weg, dachte sie, als sie die Zeit notierte. Aber dafür läuft es bis jetzt ganz gut.

Regression und Rückführung

„Wir werden jetzt eine kleine Reise machen, eine Reise in deine Vergangenheit. Auf dieser Reise bist du niemals alleine. Zu jedem Zeitpunkt dieser Reise werde ich bei dir sein. Du bist vollkommen sicher.

Wir gehen nun gemeinsam auf ein wunderschönes, hell erleuchtetes Haus zu. Du kennst dieses Haus. Es ist dein Haus. Es ist das Haus deines gesamten Lebens, deines gesamten Seins.

Noch zehn Schritte, dann sind wir bei der großen, einladenden Eingangstür angekommen. Ich zähle nun von zehn bis eins rückwärts und mit jedem Schritt und jeder Zahl gleitest du zehn Mal tiefer in den angenehmen Zustand der tiefen, hypnotischen Trance.

Zehn – neun – acht – sieben – sechs – fünf – vier – drei – zwei – eins."

Manfred hatte bei jeder Zahl leicht gezuckt. Seine Augenlider flatterten nun noch heftiger. "Ende Zweier", dachte Brigitte, dann mal weiter.

„Wir betreten nun die hell erleuchtete Eingangshalle deines Hauses. In der Mitte dieser Halle befindet sich eine wunderschöne Wendeltreppe aus weißem Marmor. Du kennst diese Treppe. Es ist deine Treppe. Es ist die Treppe deines Lebens, deines gesamten Seins. Die Treppe hat keinen Anfang und kein Ende.

Sie ist unendlich. Sie hat auf beiden Seiten sichere Geländer und das Laufen auf dieser Treppe ist vollkommen mühelos.

Jede Stufe dieser Wendeltreppe steht für einen ganz bestimmten Zeitraum deines Lebens und deines gesamten Seins. Sei es eine Sekunde, eine Minute, ein Tag oder ein Jahr – das ist ganz egal.

Wir betreten nun gemeinsam die Stufe, die für den heutigen Tag steht, heute, den 30. November 2012. Und am Ende unserer Reise werden wir wieder auf dieser Stufe stehen, ganz egal was wir während unserer Reise alles erleben – auf der Stufe des heutigen Tages, dem 30. November 2012.

Wir blicken nun gemeinsam über das innere Geländer deiner Wendeltreppe nach oben. Da ist ein Licht. Es ist ein goldenes, gleißend helles Licht. Du kennst dieses Licht. Es ist dein Licht. Es ist das Licht deines Ursprungs. Das Licht deines gesamten Seins. Das Licht der allumfassenden, bedingungslosen Liebe.

Und nun schauen wir nach unten. Auch hier ist das Licht der allumfassenden, bedingungslosen Liebe. Die ganze Wendeltreppe ist durchflutet vom Licht der allumfassenden, bedingungslosen Liebe. Die Wendeltreppe hat keinen Anfang und kein Ende. Deine Wendeltreppe ist unendlich.

Wenn ich sage "los", dann laufen wir gemeinsam die Wendeltreppe hinunter. Wir laufen dann zu der Situation deines heutigen Lebens oder deines gesamten Seins, in der die Ursache für deine heutige Eifersucht liegt. Und wenn du dort angekommen bist, dann bleibst du vor der Situation stehen und sagst mir, dass du angekommen bist."

Brigitte hatte Manfreds Augen während der gesamten Hypnose immer fest im Blick. Das Lidflattern war noch intensiver geworden und als er auf der Treppe nach oben und nach unten schaute, hatten sich seine Augen unter den geschlossenen Lidern in die jeweilige Richtung gewandt. Manfred befand sich am Anfang einer Tieftrance, einer Trance der "Stufe III" oder auch "Somnambulismus" genannt. Brigitte wusste jetzt, dass er auf der Treppe in eine Tieftrance gelangen würde.

„Los! Und wir laufen und laufen, immer schneller und schneller, Runde für Runde die Wendeltreppe hinunter. Zu der Situation deines heutigen Lebens oder deines gesamten Seins, in der die Ursache für deine heutige Eifersucht liegt. Und wenn du dort angekommen bist, dann bleibst du vor der Situation stehen und sagst mir, dass du angekommen bist. Und wir laufen und laufen, Runde für Runde. Und mit jeder Runde gleitest du tiefer und tiefer in die hypnotische Trance, immer tiefer."

Während dieser Suggestionen hatten Manfreds Augen begonnen, hinter den geschlossenen Augenlidern zu rollen. Seine Gesichtshaut war merklich straffer geworden. Das Gesicht erinnerte nun an eine Wachsfigur. "Mittlerer Dreier", stellte Brigitte fest und ließ Manfred nun die Zeit, die er brauchte, um die ursächliche Situation für seine Eifersucht zu finden. Seine Augen rollten, dann schienen sie wieder hinter geschlossen Augenlidern kurz in eine bestimmte Richtung zu blicken, dann begannen sie wieder zu rollen. Das wiederholte sich immer wieder, bis die Augen hinter den geschlossenen Lidern starr auf einen bestimmten Punkt gerichtet zu sein schienen. „Aha", dachte Brigitte, es ist gleich so weit. Unvermittelt flüsterte Manfred, „bin angekommen."

Die auslösende Situation

Brigitte begann zu fragen:

„Hast du einen Namen?"

„Habe keinen Namen."

„Wie nennt man dich?"

„Gregor."

„Wie alt bist du?"

„Fünfundzwanzig."

„Welches Jahr schreiben wir?"

„1719."

„In welchem Land bist du?"

„Deutschland."

„Wo bist du?"

„In einem großen Haus. Eine Burg."

Manfred hatte bis jetzt relativ ruhig auf der Liege gelegen, aber jetzt begannen Emotionen in ihm aufzusteigen. Seine Augen bewegten sich unter den geschlossenen Lidern. Manfred suchte und sein ganzer Körper begann leicht zu zittern. Ungerührt stellte die Hypnosetherapeutin ihre nächsten Fragen.

„Was siehst du?"

„Es ist dunkel hier."

„Ist jemand bei dir?"

„Bin alleine."

„Kannst du jetzt etwas sehen?"

„Eine Frau."

„Kennst du diese Frau?"

„Kenne sie nicht, sehe sie nur."

„Und weiter?"

„Sie schaut mich an."

„Und weiter?"

„Es ist eine hübsche Frau – ich kann sie nicht erreichen."

„Wo ist diese Frau?"

„Gefühl, sie ist nicht da – ich sehe sie, sie mich aber
nicht – sie lächelt."

„Warum nimmt sie dich nicht wahr?"

„Ich stehe in einer Ecke, ich beobachte die Frau, sie
kocht und nimmt mich nicht wahr."

Manfred bäumte sich heftig auf. Er stand sichtlich unter Anspannung.

„Es ist meine Frau", presste er hervor, „Karlotta!"

Manfred bekam einen heftigen Hustenanfall. Er war sichtlich aufgewühlt.

„Das ist unreal", entfuhr es ihm.

Das Bewusstsein funkt dazwischen, bemerkte die Hypnosetherapeutin.

„Tiefer und immer tiefer gleitest du in die tiefe, hypnotische Trance. Immer tiefer und tiefer. Es ist dein eigener Wunsch und Wille, in dieser tiefen Trance zu sein – gestatte es dir."

Manfred war sofort wieder in einer stabilen Tieftrance.

„Und weiter?", forderte Brigitte ihn auf.

„Es kommt jemand die Treppe runter in den Raum. Sie nehmen mich nicht wahr. Sie sehen mich nicht. Er geht zu Karlotta – die kennen sich. Ich den auch. Es ist Richard. Karlotta nimmt Richard in den Arm. Sie küssen sich. Sie nehmen mich nicht wahr! Das tut mir weh."

„Und weiter?"

„Sie setzen sich an den Tisch und halten Händchen. Sie unterhalten sich. Höre aber nicht, was sie sagen."

„Warum hörst du nicht was sie sagen?"

„Ich bin nicht im selben Raum. Beobachte es nur."

Manfred wirkte sehr angespannt.

„Was fühlst du?"

„Bin wütend! Wütend und traurig."

„Warum bist du traurig?"

„Karlotta ist weg. Alles leer. Tisch nur noch da und das Feuer lodert noch."

„Was machst du?"

„Ich suche Karlotta überall im Haus. Finde sie nicht. Bin jetzt draußen und such Karlotta.

„Und weiter?"

„Es sind viele Menschen um mich herum. Keiner interessiert sich für mich.

„Und weiter?"

„Ich sehe eine große Burg, oben beim Berg. Da gehe ich hin."

„Und jetzt?"

„Die Wachen lassen mich nicht rein! Ich will da rein!"

Voller Anspannung bäumte Manfred seinen Oberkörper auf. Er zog seine Arme an, so, als wolle er etwas wegschieben oder abwehren. Er schien zu kämpfen und stöhnte mehrfach laut auf. Sein Gesicht war dabei vor Schmerz und Anspannung verzerrt.

Brigitte überlegte kurz, ob sie die Rückführung nun indirekt gestalten sollte. Sie wäre dann mit Manfred zurück auf die Treppe gegangen und von dort aus direkt in einen imaginären Raum, in dem Manfred das Geschehen aus der Sicht eines unbeteiligten Beobachters als Film hätte verfolgen können. Aber sie entschied sich, vorerst bei der direkten Rückführung zu bleiben und Manfred die Lebenssituation, in der seine Eifersucht ihren Ursprung hatte, direkt durchleben zu lassen. Sie war allerdings auf der Hut und hatte Manfreds positive Ressource, das Wort "Rennrad", immer vor Augen, um Manfred nötigenfalls innerhalb von Bruchteilen von Sekunden in eine äußerst angenehme Emotion und somit in die vollkommene Ruhe zu bringen. Aber jetzt hier aufzuhören oder zu unterbrechen, das wäre für Manfred viel zu schade gewesen. Es waren starke Emotionen, die hier aufkamen, aber da musste der Junge jetzt durch.

„Und weiter", forderte sie ihn auf.

„Die sind stärker als ich. Die haben Lanzen. Sie schlagen mit den Lanzen auf mich ein!"

Manfred kämpfte noch stärker. Brigitte hatte schon eine Hand ausgestreckt, um ihn notfalls festzuhalten, falls er sich von der Liege arbeiten sollte.

„Was passiert jetzt?", fragte sie ihn.

„Ich werde in einem Graben wach."

Schlagartig fiel alle Anspannung von Manfred ab. Er schluchzte laut auf und begann dann bitterlich zu weinen. Die Tränen liefen aus seinen Augen, bildeten kleine Rinnsale auf seinem Gesicht und sammelten sich schließlich in den Ohren.

Gut so, dachte Brigitte, das befreit. Sie wartete geduldig, bis er sich nach etwa einer Minute wieder beruhigt hatte. Als er ruhiger wurde, stellte sie die nächste Frage:

„Was fühlst du?"

„Ich fühle mich leer. Ich blute. Kann nicht aufstehen."

„Was machst du?"

„Ich raffe mich auf und gehe durch einen Wald. Mein Bein tut weh! Es blutet! Es tut so weh!"

„Und weiter, was geschieht jetzt?"

„Ich komme an ein kleines Haus. Da ist eine alte Frau. Sie verbindet mein Bein und gibt mir was zu trinken. Ich schlafe ein."

„Und dann?“

„Mir geht es wieder besser. Ich verlasse das Haus.“

„Wo gehst du hin?“

„Gehe zu meinem Haus. Geld hab` ich da versteckt. Einen Beutel mit Münzen.“

„Weiter.“

„Hole es mir. Verlasse die Stadt.“

Manfred war wieder vollkommen ruhig geworden. Er atmete tief und gleichmäßig. Seine Trancetiefe schwankte ein wenig, blieb aber stabil im "Dreier Bereich“.

„Und dann?“, fuhr Brigitte fort.

„Komme in eine große Stadt.“

„Wie heißt die Stadt?“

„München.“

„Und weiter.“

„Bin Schmied. Bin allein. Beschlage ein Pferd. Die Besitzerin des Pferdes kommt. Sie gibt mir drei Groschen und bedankt sich.“

„Und weiter.“

„Sie sieht Karlotta ähnlich. Sie reitet weg.“

„Was fühlst du?"

„Bin traurig."

„Warum bist du traurig?"

„Bin allein."

„Was machst du?"

„Stehe an einer Werkbank."

„Und weiter."

„Will nicht mehr leben. Packe meine Sachen und ziehe weiter."

„Wohin?"

„In ein kleines Dorf."

„Und dann?"

„Lerne eine Frau kennen. Heirate. Maria."

„Was fühlst du?"

„Bin glücklich. Sie glaube ich auch."

„Und weiter."

„Wir haben zwei Kinder. Tobias und Karlotta."

Manfred brach in Tränen aus und Brigitte wartete kurz, bis er sich wieder beruhigt hatte.

„Was ist jetzt?"

„Habe eine Schmiede. Arbeite viel. Maria schimpft mit mir. Karlotta ist krank. Große Sorgen um Karlotta."

Manfred stockte.

„Und dann?", forderte Brigitte ihn auf.

„Karlotta ist tot."

Manfred begann wieder schluchzend zu weinen. Als er sich wieder beruhigt hatte, fragte sie weiter.

„Was passiert jetzt?"

„Ich gebe Maria die Schuld.

„Was fühlst du?"

„Bin traurig."

„Und weiter."

„Fange an zu trinken. Bier. Gehe in ein Wirtshaus und betrinke mich. Bin allein."

„Bist du wirklich alleine?"

„Nicht wirklich. Die anderen beachten mich nicht."

„Und dann?"

„Gehe nach Hause. Maria und Tobias sind nicht mehr da. Bin allein."

„Und weiter.“

„Bin traurig.“

„Was machst du?“

„Sitze am Tisch und weine. Es passiert nichts.“

„Gehe ein Stück in der Zeit weiter vor.“

„Bin auf einer großen Wiese.“

„Was machst du?“

„Habe ein Pferd an der Longe. Das habe ich beschlagen. Bin ein Stallbursche. Kümmere mich um die Pferde.“

„Wo bist du?“

„In einem großen Schloss.“

„Wie heißt das Schloss?“

„Friedberg.“

„Und weiter.“

„Habe viel Arbeit. Da sind viele Menschen, die da leben. Märkte.“

„Und weiter.“

„Bin alleine. Habe aber eine Geliebte. Treffen uns heimlich im Stall. Darf aber keiner wissen. Carla heißt sie.“

„Warum darf das keiner wissen?"

„Sie ist viel jünger als ich.

„Wie alt bist du?"

„Vierzig Jahre."

„Und weiter."

„Bin nicht der Einzige für Carla. Sehe sie mit dem Koch."

In diesem Moment spannte sich Manfreds gesamter Körper wieder an. Er ballte seine Hände zu Fäusten. Die Kraft, mit der er seine Fäuste ballte, ließ seine Unterarme erzittern. Manfreds Gesicht verriet die Anspannung, unter der er stand. Nun begann auch sein ganzer Körper zu zittern.

„Was fühlst du?"

„Bin wütend.

„Was machst du?"

„Verprügle den Koch und Carla!"

„Und weiter?"

„Der Koch ist tot. Er ist mit dem Hinterkopf auf einen Stein gefallen."

Die Anspannung war aus Manfreds Körper so schnell gewichen, wie sie gekommen war. Er lag wieder vollkommen entspannt da. Er atmete ruhig und gleichmäßig. Sein Gesichtsausdruck hatte schlagartig melancholische Züge angenommen. Brigitte fuhr mit ihren Fragen fort.

„Und was passiert dann?"

„Ich muss das Schloss verlassen."

„Was machst du?"

„Ich laufe auf einer langen Straße. Ohne Ziel."

„Und weiter."

„Da steht eine kaputte Kutsche. Ein Rad ist gebrochen. Der Kutscher ist alleine. Der kann das Rad nicht reparieren."

„Was machst du?"

„Helfe ihm."

„Was ist dann?"

„Darf aus Dankbarkeit mitfahren. Zwei Frauen, feine, junge Frauen, sind in der Kutsche."

„Wohin fahrt ihr?"

„Nach München."

„Und weiter."

„Besuche die alte Schmiede. Da arbeitet ein anderer Schmied. Gehe zum Rathaus."

„Warum gehst du zum Rathaus?"

„Will was kaufen."

„Was?"

„Ein Haus. Kaufe es. Es ist ein schönes Haus."

„Weiter."

„Es ist eine Herberge. Habe Angestellte. Habe keine Frau."

„Warum hast du keine Frau?"

„Will keine Frau!"

Brigitte war davon überzeugt, dass sie während dieser Hypnose keine weiteren, wesentlichen Informationen mehr erhalten würde. Sie entschloss sich, die Befragung hier zu beenden. Außerdem drängte die Zeit. Die geschilderten Erlebnisse mussten noch aufgearbeitet werden und die Fünfundvierzig – Minuten - Grenze war schon in greifbare Nähe gerückt, wie sie mit einem Blick auf die Digitaluhr feststellte, die 19:28 Uhr anzeigte. Manfred lag nun vollkommen ruhig in einer stabilen Tieftrance. Er atmete ruhig und gleichmäßig. "Jetzt müssen wir etwas Gas geben", sagte sich Brigitte und setzte die Hypnosetherapie fort.

„Ich zähle jetzt von eins bis drei und bei drei angekommen, bist du sofort wieder auf der Stufe des heutigen Tages angelangt, heute, den 30. November 2012. Die Erinnerung an alles, was du gerade erlebt hast, nimmst du mit auf die Stufe des heutigen Tages, heute, den 30. November 2012. „Eins" – „zwei" – „drei"

„Wo bist du?", fragte Brigitte.

„Auf der Treppe", antwortete Manfred.

„Auf welcher Stufe?"

„Auf der Stufe des heutigen Tages."

„Gut", lobte Brigitte.

Neue Überzeugungen erarbeiten und verankern

Brigitte atmete tief durch und nahm sich ein paar Sekunden, um in tiefer, bewusster Dankbarkeit die Energien des Lichts in ihre und somit in Manfreds Aura bewusst einfließen zu lassen – zum höchsten Wohle von Manfred und somit zum höchsten Wohle von allem, was ist. Sie spürte sofort, dass die energetische Verbindung zwischen ihrer und Manfreds Aura, die während der gesamten, bisherigen Hypnose bestanden hatte, noch intensiver wurde. Manfreds Energiefeld und ihr eigenes schwangen in Resonanz. Brigitte war sich absolut sicher, dass sie auf diese Weise nun intuitiv die richtige Gesprächsführung wählen würde. Hierbei war es ihr immens wichtig, dass sie Manfred in seiner Trance so führte, dass sein Unterbewusstsein die von Manfred gewünschten Veränderungen selbst herbeiführen konnte. Brigitte wollte auf keinen Fall irgendeine Beeinflussung vornehmen, die von ihr ausging. Nein, Manfreds Unterbewusstsein und sein im Zustand dieser Trance völlig kritikloses Bewusstsein sollten Manfreds Probleme selbst lösen.

„Kann ich sagen", sprach Brigitte Manfred wieder an, „dass Karlotta dich in einem anderen Leben verlassen hat?"

„Ja", antwortete Manfred überraschend schnell und klar.

„Aber, wenn Karlotta dich in einem anderen Leben verlassen hat, dann ist das für dein jetziges Leben doch nicht mehr wichtig, oder?"

Manfreds Augen begannen unter den geschlossenen Lidern zu rollen. Es dauerte eine ganze Weile, bis sie wieder zum Stillstand kamen.

„Nein", antwortete er gedehnt.

„Wenn es heute nicht wichtig ist, dass Karlotta dich verlassen hat, ist es dann für dich wichtig, zu wissen, warum sie dich verlassen hat?"

„Nein", kam es gedehnt nach einiger Zeit von Manfred.

„Kannst du das für dich annehmen? Kannst du für dich annehmen, dass es für dich heute vollkommen gleichgültig ist, warum Karlotta dich in einem früheren Leben verlassen hat?"

Manfreds Augen bewegten sich unter den geschlossenen Lidern. Nach einiger Zeit kam ein gequältes „Ja".

„Dann nimmt das jetzt für dich an und verankere es ganz fest."

„Hast du es für dich angenommen?"

„Ja", kam die Antwort von Manfred. „Ganz bestimmt?", fragte Brigitte nach. „Ja", antwortete Manfred wieder. „Ehrlich?", fragte Brigitte zum dritten Mal. „Jaha", kam die Antwort von Manfred, fast ein bisschen genervt. „Dann ist es so und nicht anders. Es ist tief in deinem Unterbewusstsein verankert."

Um sicher zu gehen, fragte Brigitte noch einmal nach: „Ist es für dich wichtig zu wissen, warum Karlotta dich damals verlassen hat?" „Nein", kam spontan und sehr sicher die Antwort von Manfred.

„Gut", lobte Brigitte gedehnt.

„Ist es so, dass du bei deinem Erlebnis mit Karlotta eine Erfahrung gemacht hast?"

„Ja".

„Aber ist eine Erfahrung nicht etwas, was man für sich gelernt hat?"

„Ja."

„Aber wenn eine Erfahrung doch etwas ist, was man bereits für sich gelernt hat, dann braucht man diese Erfahrung doch nicht mehr zu machen. Ist das so?"

„Ja."

„Kannst du das für dich annehmen?"

„Ja."

„Dann nimm es jetzt bitte für dich an und verankere es ganz fest."

„Hast du es verankert?"

„Ja."

„Hast du es wirklich verankert?"

„Ja."

„Ganz bestimmt?"

„Jaaa."

„Wenn eine Erfahrung doch etwas ist, was man bereits gelernt hat und man diese Erfahrung nicht mehr machen muss, dann weiß man doch etwas, was man vorher nicht wusste, ist das so?"

„Ja."

„Dann ist doch eine Erfahrung, die man gemacht hat, doch immer etwas Positives, egal, worin diese Erfahrung besteht – ist das richtig?"

„Ja."

„Wenn eine Erfahrung doch immer etwas Positives ist, dann kann eine Erfahrung dein Leben doch gar nicht belasten, oder?"

„Nein", kam sehr schnell und bestimmt die Antwort.

„Aber wenn eine Erfahrung etwas Positives ist und die Erfahrungen, die du bereits gemacht hast, dein Leben nicht belasten, dann kannst du doch jederzeit neue Erfahrungen machen, oder?

„Ja."

„Hast du einen freien Willen?"

„Ja."

„Wenn du einen freien Willen hast, dann kannst du dir doch die Erfahrungen aussuchen, die du machen möchtest, oder?"

Manfreds Augen rollten. „Ja", kam es nach einer kurzen Weile.

„Wenn eine bereits gemachte Erfahrung immer etwas Positives ist und du einen freien Willen hast, dann kannst du doch die Erfahrungen machen, die du machen möchtest – ist das so?"

„Ja."

„Aber wenn das so ist, kann ich dann sagen, dass du frei und offen bist für neue Erfahrungen?"

„Ja."

„Kannst du das für dich annehmen?"

„Ja."

„Dann nimm es jetzt bitte für dich an und verankere es ganz fest."

„Hast du es verankert?“

„Ja.“

„Hast du es wirklich verankert?“

„Ja.“

„Ganz bestimmt?“

„Ja.“

„Wenn du doch frei und offen bist, um die Erfahrungen zu machen, die du mit deinem eigenen freien Willen machen möchtest, dann bist du doch frei, oder?“

„Ja.“

„Kannst du das für dich annehmen?“

„Ja.“

„Dann nimm es jetzt bitte für dich an und verankere es ganz fest.“

„Hast du es verankert?“

„Ja.“

„Hast du es wirklich verankert?“

„Ja.“

„Ganz bestimmt?“

„Ja.“

„Aber wenn du doch frei bist und einen eigenen freien Willen hast, dann kannst du doch deine Eifersucht loslassen, oder?"

Manfreds Augen rollten. „Ist das so?", setzte Brigitte nach. „Ja."

„Dann lass´ deine Eifersucht jetzt ganz einfach los, einfach loslassen!"

Manfred lag ruhig da. Nach ein paar Sekunden gab er einen tiefen, gurgelnden Seufzer ab. Er spannte seinen ganzen Körper an und gab ein zweites Mal einen tiefen, gutturalen Seufzer der Erleichterung ab und fiel glücklich lächelnd in die vollkommene Entspannung zurück.

„Hast du deine Eifersucht vollkommen losgelassen?"

„Ja", kam es glücklich und unvermittelt.

„Dann bist du doch vollkommen frei von Eifersucht, ist das so?"

„Ja."

„Kannst du das für dich annehmen?"

„Ja."

„Dann nimm es jetzt bitte für dich an und verankere es ganz fest."

„Hast du es verankert?"

113

„Ja."

„Hast du es wirklich verankert?"

„Ja."

„Ganz bestimmt?"

„Ja."

„Wenn alles, was du erlebst zu einer Erfahrung führt und wenn eine Erfahrung immer etwas Positives ist, was dein inneres Wissen erweitert, kannst du dann jemals versagen?"

„Nein."

„Kannst du das für dich annehmen?"

„Ja."

„Dann nimm es jetzt bitte für dich an und verankere es ganz fest."

„Hast du es verankert?"

„Ja."

„Hast du es wirklich verankert?"

„Ja."

„Ganz bestimmt?"

„Ja."

„Bist du ein freier Mensch, der mit seinem freien Willen die Erfahrungen macht, die er machen möchte?"

„Ja."

„Dürfen alle anderen Menschen auch die Erfahrungen machen, die sie mit ihrem freien Willen machen möchten?"

„Ja."

„Und wenn eine Erfahrung, die ein Mensch mit seinem eigenen freien Willen gemacht hat, immer etwas Positives ist, kann es dann Schuld geben?"

„Nein."

„Kannst du das für dich annehmen?"

„Ja."

„Dann nimm es jetzt bitte für dich an und verankere es ganz fest."

„Hast du es verankert?"

„Ja."

„Hast du es wirklich verankert?"

„Ja."

„Ganz bestimmt?"

„Ja."

„Wenn es keine Schuld gibt, kannst du dann Schuld an irgendetwas haben?"

„Nein."

„Wenn du doch keine Schuld an irgendetwas haben kannst, dann kann ich doch auch sagen, du bist frei von Schuld, ist das so?"

„Ja."

„Kannst du das für dich annehmen?"

„Ja."

„Dann nimm es jetzt bitte für dich an und verankere es ganz fest."

„Hast du es verankert?"

„Ja."

„Hast du es wirklich verankert?"

„Ja."

„Ganz bestimmt?"

„Ja."

„Wenn es doch keine Schuld gibt und du bist frei von Schuld, dann ist doch auch jeder andere Mensch frei von Schuld, ist das so?"

„Ja."

„Gibt es jemanden, dem du vergeben möchtest?"

Manfreds Augen rollten und es dauerte eine ganze Weile, bis er antwortete. „Dem Koch", flüsterte er.

„Gut, dann vergib jetzt dem Koch alles, was er dir angetan hat, aus tiefstem Herzen."

Manfred schluchzte urplötzlich laut auf und begann zu weinen.

„Warum weinst du?"

„Der Koch hat mir vergeben", schluchzte er.

„Bist du eifersüchtig?", fragte Brigitte zur Sicherheit noch einmal nach.

„Nein", lächelte Manfred glücklich.

„Können alle Menschen ihren eigenen, selbstbestimmten Weg gehen und die Erfahrungen machen, die sie für sich machen möchten?"

„Ja."

„Kannst du das für dich annehmen?"

„Ja."

„Dann nimm es jetzt bitte für dich an und verankere es ganz fest."

„Hast du es verankert?"

„Ja."

„Hast du es wirklich verankert?"

„Ja."

„Ganz bestimmt?"

„Ja."

„Wenn alle Menschen ihren eigenen, selbst gewählten Weg gehen können, dann kannst du das doch respektieren, oder?"

„Ja."

„Bist du auch ein Mensch, der seinen eigenen, selbst gewählten Weg gehen kann?"

„Ja."

„Dann kannst du das doch auch respektieren, oder?"

„Ja."

„Wenn das so ist, kann ich dann sagen: Du respektierst dich selbst und alle anderen Menschen?"

„Ja."

„Kannst du das für dich annehmen?"

„Ja."

„Dann nimm es jetzt bitte für dich an und verankere es ganz fest."

„Hast du es verankert?"

„Ja."

„Hast du es wirklich verankert?"

„Ja."

„Ganz bestimmt?"

„Ja."

„Darf jeder Mensch mit eigenem freien Willen die Erfahrungen machen, die er machen möchte?

„Ja."

„Ist deine Existenz mit dem Ende dieses Lebens zu Ende?"

Manfred schüttelte sich vor Lachen. „Nein, natürlich nicht".

„Kann deine Existenz jemals zu Ende sein?"

„Nein", prustete Manfred.

„Kann die Existenz eines jeden anderen Menschen jemals zu Ende sein?"

„Nein", quietschte Manfred vergnügt.

„Sind alle Menschen energetisch miteinander verbunden?"

„Ja klar", kam spontan die fassungslose Antwort von Manfred.

„Kannst du dann jemals wirklich alleine und verlassen sein?"

Manfred prustete wieder los. „Nein:"

„Kannst du das für dich annehmen?"

„Ja."

„Dann nimm es jetzt bitte für dich an und verankere es ganz fest."

„Hast du es verankert?"

„Ja."

„Hast du es wirklich verankert?"

„Ja."

„Ganz bestimmt?"

„Ja."

„Kannst du dann deine Verlustängste loslassen?"

Manfred prustete vor Lachen. „Das brauche ich nicht."

„Warum nicht?"

„Habe keine."

„Kann ich sagen, du bist ein liebenswerter, liebender Mensch?"

„Ja."

„Bist du ein liebenswerter, liebender Mensch?"

„Ja." Manfred liefen die Tränen der Rührung aus den Augen.

„Kannst du das für dich annehmen?"

„Ja", schluchzte er.

„Dann nimm es jetzt bitte für dich an und verankere es ganz fest."

„Hast du es verankert?"

„Ja."

„Hast du es wirklich verankert?"

„Ja."

„Ganz bestimmt?"

„Ja."

„Wenn du doch ein liebenswerter, liebender Mensch bist, dann steht dir doch auch alles zu deinem höchsten Wohle und somit zum höchsten Wohle aller zu, oder?"

„Ja", schluchzte Manfred und er begann noch heftiger zu weinen.

„Kannst du das für dich annehmen?"

„Ja."

„Dann nimm es jetzt bitte für dich an und verankere es ganz fest."

„Hast du es verankert?"

„Ja."

„Hast du es wirklich verankert?"

„Ja."

„Ganz bestimmt?"

„Ja."

„Wenn dir doch alles zu deinem höchsten Wohle und somit zum höchsten Wohle aller zusteht, dann steht dir doch auch vollkommende Gesundheit zu, oder?"

„Ja", schluchzte Manfred.

„Dann nimm diese vollkommene Gesundheit jetzt für dich an. Lass sie fließen, bis in die kleinste Zelle deines gesamten Körpers. Einfach fließen lassen."

Manfred atmete tief. „Einfach fließen lassen, bis in die kleinste Zelle deines gesamten Körpers. Nimm die vollkommene Gesundheit einfach an. Einfach fließen lassen." Manfred begann selig zu lächeln.

„Hast du die vollkommene Gesundheit für dich angenommen?

„Ja."

„Kannst du das für dich annehmen?"

„Ja."

„Dann nimm es jetzt bitte für dich an und verankere
es ganz fest."

„Hast du es verankert?"

„Ja."

„Hast du es wirklich verankert?"

„Ja."

„Ganz bestimmt?"

„Ja."

Manfred lag lächelnd und völlig entspannt auf der
Liege.

„Genieße, einfach genießen."

Die Ausleitung

Brigitte schaute auf die Digitaluhr. Eine Stunde und sieben Minuten hatte die Hypnose bis jetzt gedauert. Manfred lag glücklich lächelnd vor ihr. Seine Trance vertiefte sich in diesem Moment noch weiter, wie sie an den halb geöffneten Augenlidern ablesen konnte. Sie ließ ihn diesen Zustand noch einen Moment genießen und wartete geduldig, wobei sie seine Augen und seine Atmung für keine Sekunde aus den Augen ließ. Mit einem Schlag öffneten sich die Augenlider vollständig und Manfred blickte in einer Tiefsttrance starr zur Decke.

Eine Minute gönne ich ihm noch, dachte die Hypnosetherapeutin. Auch sie hatte an vielen Stellen während der Hypnose Tränen der Rührung in den Augen gehabt. Auch jetzt wischte sie ein paar Tränen weg und freute sich an Manfreds glücklichem Lächeln. Nach einer kurzen Weile wusste sie, dass es nun höchste Zeit war, die Hypnose aufzulösen.

„Schließe bitte deine Augen".

Als sie ihn ansprach, schlossen sich Manfreds Augenlider.

„Ich zähle jetzt von eins bis fünf und bei fünf angekommen, öffnest du deine Augen. Dann bist du wieder vollkommen wach, konzentriert und orientiert im Hier und Jetzt, heute, am 30. November 2012, bei vollkommener Gesundheit, an Körper, Geist und Seele."

„Eins." – Immer, wenn ich dich während einer Hypnose an der Stirn berühre, dann gleitest du sofort wieder in die gleiche, tiefe hypnotische Trance, in der du jetzt bist."

„Zwei." – „Du kannst dich zu jedem Zeitpunkt, an dem du es möchtest, an jedes Detail dieser Hypnose erinnern."

„Drei." – „Puls, Blutdruck und alle deine Körperfunktionen nehmen für dich optimale Werte an."

Brigitte wartete einen Moment, damit Manfreds Körperfunktionen sich auf die bevorstehende Auflösung der Hypnose einstellen konnten.

„Vier." – „Du wirst wacher und wacher, immer wacher und wacher. Vielleicht räkelst du dich ein wenig oder bewegst deine Hände oder deine Füße ein wenig. Ganz wie es dir angenehm ist. Und Du wirst wacher und wacher."

Nach einer kurzen Weile begann Manfred seine Hände und Füße zu bewegen und er räkelte sich ein bisschen.

„Fünf", – sagte Brigitte bestimmt.

Manfred öffnete seine Augen, atmete tief und schaute Brigitte kurz an. Dann blickte er starr zur Decke und schloss seine Augen. Die Tränen liefen und Brigitte wartete geduldig, bis er sich gesammelt hatte. Auch ihr liefen die Tränen der Rührung.

Brigitte rollte auf ihrem Hocker ein wenig zurück und lehnte sich mit dem Rücken entspannt gegen die Regalwand, die entlang, der Liege an der Wand stand. 19:57 Uhr – Ende, notierte sie auf ihrem Schreibbrett.

Eine Stunde und zehn Minuten, dachte sie und davon eine Stunde in Tieftrance. Sie wusste, dass Manfred gerade herkulische Leistungen vollbracht hatte. Ganz bestimmt würde Manfred jetzt großen Durst haben und auch ein großes Verlangen nach Zucker. Sie überlegte kurz, ob sie ihm ein Glas Wasser und etwas von dem Traubenzucker, der immer bereit stand, anbieten sollte. Aber dann verzichtete sie darauf. Nein, sie wollte Manfred in seinen Gedanken und in seinen Gefühlen nicht stören. Jetzt nicht.

Nach gut zehn Minuten atmete Manfred tief und befreit aus. „Wahnsinn", stieß er hervor. Brigitte saß neben ihm. „Bleib ruhig noch einen Moment liegen." Manfred schloss seine Augen wieder und lächelte glücklich.

Sie schaute Manfred an, wie er mit geschlossenen Augen still auf der Liege lag. Sie wusste, Manfred war hellwach aber gleichzeitig auch überwältigt von dem, was er gerade erlebt hatte.

Sie wusste auch, dass Manfred gerade dabei war, mit seinem wachen Tagesbewusstsein seine schier unglaublichen Erlebnisse in der Hypnose zu verarbeiten. Schließlich würde er sich an jedes Detail dieser Hypnose erinnern können. Und das, was Manfred gerade mit allen Emotionen vollkommen real durchlebt hatte, musste für sein rational denkendes Bewusstsein einen puren Schock darstellen.

All das konnte es aus Sicht seines Bewusstseins, also seines "Egos", gar nicht geben. Andererseits hatte Manfreds Bewusstsein alles, was aus dem Unbewussten während der Hypnose hochkam, in vollem Umfang live miterlebt. Auch wenn es in der Trance die Rolle eines passiven, uninteressierten Beobachters eingenommen hatte, so hatte Manfreds Bewusstsein doch jedes Detail mitbekommen und abgespeichert. Und jetzt stand es da mit seinem gesamten Weltbild aus erlerntem Wissen und musste etwas als real akzeptieren, was es nie für möglich gehalten hätte. "Dafür kann man schon mal ein paar Minuten der Stille brauchen und die seien Manfred gegönnt", dachte Brigitte geduldig.

Mit einem tiefen Atemzug öffnete Manfred seine Augen und blickte zur Decke. „Alles klar?“, sprach Brigitte ihn an. Manfred drehte seinen Kopf zur Seite und schaute Brigitte an. Er lächelte nur glücklich und nickte. Dann richtete Manfred sich auf. „Moment, nicht ganz so schnell, ich nehme erst einmal die Decke weg.“ Indem sie das sagte, nahm Brigitte die Wolldecke und das Venenkissen weg und legte die Sachen auf dem Sessel neben der Liege ab. Sie wollte beide Hände frei haben, um Manfred abstützen zu können, falls ihm schwindelig werden sollte. Manfred setzte sich auf und wollte sofort aufstehen. "Bleib` bitte noch einen Moment sitzen, bis sich dein Kreislauf stabilisiert hat", forderte Brigitte ihn auf. „Möchtest du ein Glas Wasser?" „Gern", antwortete Manfred. Er stützte sich mit beiden Händen auf der Liege ab. Brigitte reichte ihm das Wasser und hielt ihm daraufhin eine Schale mit Süßigkeiten hin. Manfred nahm dankbar einen Schokoriegel und dann noch einen, während Brigitte Wasser nachschenkte. „Geht es dir gut?", fragte sie. „Ja, alles bestens, jetzt kann ich aufstehen". Manfred ließ sich von der Liege gleiten und setzte sich in den Sessel, um seine Schuhe anzuziehen.

Das Nachgespräch

„Jetzt setzen wir uns noch einen Moment nach nebenan und trinken in aller Ruhe noch eine Tasse Kaffee, was hältst du davon?" Manfred nickte nur wortlos und folgte ihr. „Möchtest du darüber sprechen oder hast du noch Fragen zu dem, was während der Hypnose passiert ist?" Manfred schüttelte den Kopf: „Das war Wahnsinn!" Und nach einer langen Pause fuhr er fort: „Sei mir bitte nicht böse, aber das muss ich jetzt erst mal sacken lassen. Das war der helle Wahnsinn!" „Gut, dann mache ich uns noch schnell einen frischen Kaffee. Dann kannst du inzwischen ja ein wenig entspannen."

Brigitte stand auf und verließ den Raum. Sie wusste, dass Manfred gerade sehr viel zu verarbeiten hatte und wollte ihn hierbei keinesfalls stören. Auf der anderen Seite musste sie absolut sicher sein, dass er wieder vollkommen wach und reaktionsfähig war, bevor er sich in sein Auto setzte. Deshalb wollte sie nun etwas Zeit gewinnen. Sie ging nach oben, wartete zehn Minuten und kam dann mit einer Kanne frischen Kaffees wieder zurück.

Manfred saß vollkommen entspannt und gedankenverloren in seinem Sessel, die Hände hinter seinem Kopf verschränkt. Er hatte es sich bequem gemacht und die Lehne nach hinten gekippt. „Ich wusste ja gar nicht, dass man die Lehne verstellen kann", bemerkte er, als Brigitte hereinkam. „Gut, nicht?", lächelte Brigitte zufrieden, als sie den Kaffee einschenkte. Das war für sie ein gutes Zeichen, dass Manfred wieder voll da war. „Als wir vor zehn Jahren mit der energetischen Hypnose anfingen, haben wir zwölf Stück davon gekauft. Damals waren wir noch in unseren alten Räumen. Alles war viel kleiner, aber auch sehr gemütlich." „Wart ihr vorher auch in Mönchengladbach?", wollte Manfred wissen. "Gut", dachte Brigitte, "er ist wieder voll da." „Ja, zuerst waren wir auf der „Odenkirchener Straße", dann „An der Eickesmühle" und als das auch wieder zu klein wurde, sind wir hierhin umgezogen. Das ist jetzt auch schon wieder vier Jahre her." Manfred betastete seinen rechten Oberschenkel. „Das Bein fühlt sich ganz anders an, irgendwie" - er suchte nach den richtigen Worten – „irgendwie ganz". „Das war es wohl immer, aber eben nicht für dein Unterbewusstsein", stellte Brigitte fest. „Das hat sich jetzt geändert und dein Phantomschmerz sollte damit verschwunden sein." Melde dich doch einfach mal und sage mir, wie es dir geht!"

„Wann soll ich denn wiederkommen?", fragte Manfred. „Am besten ist es, du lässt deine Hypnose jetzt einfach mal wirken und wenn du das Bedürfnis verspürst, wiederzukommen, dann rufe mich einfach an und wir machen einen neuen Termin. Dann aber bitte nicht wegen deiner Eifersucht", lachte Brigitte. Manfred sah sie verdutzt an. „Brauche ich denn keinen Folgetermin?" Brigitte lächelte: „Von mir aus gerne, aber wozu? Dein Unterbewusstsein hat alles, was es in der Hypnose selbst erarbeitet hat, fest angenommen und tief verankert. Das habe ich kreuz und quer abgefragt. Und damit dürften sich deine Probleme erledigt haben. Dein Unterbewusstsein ist jedenfalls damit durch."

Manfred sah sie ungläubig an. Er fühlte sich richtig gut, vollkommen befreit und vollkommen frei. Besorgt fragte er: "Bleibt die Wirkung jetzt dauerhaft? Muss das nicht wiederholt werden?" „Nein", erklärte Brigitte, „wenn dein Unterbewusstsein einmal etwas fest verankert hat, dann hast du mit deinem wachen Bewusstsein nicht die Spur einer Chance, daran etwas zu ändern. Das Unterbewusstsein ist eine Million mal schneller als dein Bewusstsein. Denk` mal an den Kaffee mit dem Geschmack von Salz!" Manfred fühlte sich innerlich befreit und von einem tiefen, inneren Glücksgefühl beseelt, das er nicht in Worte fassen konnte — musste er ja auch nicht. „Dann fahre ich jetzt mal nach Hause." „Mach das", pflichtete Brigitte ihm bei „und vielen Dank für dein Vertrauen!" Sie begleitete Manfred zur Tür. Als er seine Jacke angezogen hatte, schaute er Brigitte an: „Darf ich dich einmal in den Arm nehmen und drücken?" Manfred drückte Brigitte herzlich und verabschiedete sich. Als er in sein Auto eingestiegen war, bemerkte er, dass sein Bein beim Einsteigen überhaupt nicht wehgetan hatte, wie es sonst immer gewesen war. Nachdenklich und immer noch ergriffen, startete er den Motor.

(Anmerkung: Diese Hypnose ist exakt so durchgeführt und protokolliert worden, wie sie hier beschrieben ist — von der Einleitung bis zur Ausleitung!)

Nachspiel

Zwei Wochen später rief Manfred an. Er war vollkommen glücklich. Die einzige Sorge, die er jetzt hatte: „Hält das an? Muss man die Hypnose nicht von Zeit zu Zeit wiederholen?" „Nein", lachte Brigitte, "Du hast während der Hypnose alles tief und fest in deinem Unterbewusstsein verankert. Das hält nun dein ganzes Leben lang an, keine Sorge! Wie geht es dir denn?"

„Mir geht es bestens. Die Eifersucht ist vollkommen weg. Und meine Blutdruckwerte haben sich auch verbessert. Ich fühle mich richtig gut! Das alles ist für mich immer noch völlig unbegreiflich. Und noch etwas anderes ist für mich völlig unbegreiflich", fügte er freudig hinzu. „Nach meiner Hypnose habe ich mir eure Internetseite angeschaut. Ich kenne deinen Kollegen von früher. Ralf und ich haben schon bei einigen Projekten miteinander gearbeitet, aber dass er auch Hypnosetherapeut ist, wusste ich nicht. Es hat mich fast vom Hocker gehauen, wie klein doch die Welt ist. Wenn ich das gewusst hätte, wäre ich schon viel früher zu euch gekommen!"

„Auf eurer Internetseite habe ich auch die Erfahrungsberichte gelesen. Ich würde euch auch gerne einen Erfahrungsbericht schreiben." „Prima", freute sich Brigitte, „den werden wir dann gerne anonymisiert auf unserer Internetseite einstellen."

Noch am selben Abend kam von Manfred die folgende Mail:

Liebe Brigitte, lieber Ralf,

die Welt der Zahlen, Gesetzmäßigkeiten und Beweise war für mich als Ingenieur auch meine Welt. Leider gehörten zu meiner Welt auch so unangenehme Dinge wie Eifersucht, geringes Selbstwertgefühl, Neid auf Dinge, die andere geschafft haben etc. Insbesondere die Eifersucht schaffte es, mir mein Leben und auch das meiner Frau ziemlich zu vermiesen.

Schon als kleiner Junge war ich eifersüchtig. Was also lag näher, als dass man als Kleinkind von den Eltern vernachlässigt wurde. Das „innere Kind" sich nicht geliebt fühlte etc. Ein Therapeut, der tiefenpsychologisch arbeitet, machte mir wenig Hoffnung, geschätzte Therapiedauer ca. ein Jahr, aber eher länger. Ich sah meine Ehe schon den Bach runtergehen, weil bei meiner Frau auch langsam die Nerven blank lagen.

Dann kam ich durch einen Zufall zu euch und ruckzuck, saß ich bei dir, liebe Brigitte, zu einer ersten Sitzung.

In drei Stunden Vorgespräch erzählte ich von meinen Problemen und Wünschen. Und dann kam der Moment der Hypnosesitzung, es war unglaublich. Nicht in meiner Kindheit wurde ich verletzt, nein in einem früheren Leben. Genauer gesagt, 1719, wie bitte 1719??, das ist unmöglich. Es gab Indizien, die ich na-

*türlich googeln konnte und meine Aussagen bestätig-
ten.*

*Das Tollste aber, ich fühlte mich wie neugeboren.
Die Eifersucht weg, die Sorgen weg - es ist alles so einfach. Ihr habt mich und meine Frau zu den glücklichs-
ten Menschen gemacht, wir sind euch unendlich dankbar. Ich weiß, dass diese Nachricht so bearbeitet wird,
dass es nicht möglich sein wird, auf meine Identität zu
schließen. Ich möchte euch aber ausdrücklich erlauben,
meine E-Mailadresse an Interessierte weiter zu geben.
Gerne erzähle ich auch anderen meine Geschichte.*

*Wenn ich geahnt hätte, wie ihr mir helfen könnt, ich
hätte euch schon vor zwanzig Jahren aufgesucht.*

Noch mal herzlichsten Dank für alles.

Manfred

Kurz vor Weihnachten rief Manfred wieder an.
„Mein Kardiologe versteht die Welt nicht mehr", ver-
kündete er freudestrahlend. „Seitdem ich bei euch war,
bin ich inzwischen drei Mal mit einem Dauer – EKG
durch die Gegend gelaufen. Mein Blutdruck ist mit
140/90 zwar immer noch leicht erhöht, aber ich benöti-
ge seit zwei Wochen keinerlei Medikamente mehr. Das
ist absolut fantastisch. Das ist so fantastisch, dass ich
es selbst immer noch nicht glauben kann. Und das, obwohl ich es selbst real erlebt habe."

Du hast", fügte er hinzu, „mir ja bereits während unseres Gespräches vor der Hypnose vieles erklärt. Aber eine Bitte hätte ich noch." „Und welche?", fragte Brigitte. „Ich habe eine Rückführung in ein früheres Leben real erlebt. So etwas hätte ich niemals für möglich gehalten. Und jetzt möchte ich gerne mehr darüber erfahren. Ich möchte gerne wissen, was wirklich Wirklichkeit ist. Ich möchte verstehen, was ich in der Hypnose erlebt habe."

„Dann setzen wir uns am besten mal für einen Tag zusammen. Und dann beantworten wir dir alle deine Fragen so gut wir können. Am besten wäre es zwischen Weihnachten und Silvester. Da ist es bei uns auch etwas ruhiger und dann nehmen wir uns alle Zeit, die wir brauchen", schlug Brigitte spontan vor. „Wäre das für dich in Ordnung?" „Na klar", antwortete Manfred, „ich freue mich schon darauf."

Teil 2

Was ist wirklich Wirklichkeit?

Ein gemütliches Zusammentreffen

Am Freitag, den 28. Dezember 2012, war es endlich soweit. Als Manfred auf den Klingelknopf drückte, fühlte er keinerlei Nervosität in sich. „Ganz anders als beim ersten Mal", dachte er. Er freute sich auf das Gespräch. Jetzt war es für ihn wie ein Besuch bei Freunden.

„Hallo Manfred", ertönte Brigittes Stimme aus der Sprechanlage und zugleich summte der Türöffner. Als Manfred eintrat, kam Brigitte ihm auf der Treppe entgegen. „Guten Morgen Manfred, schön dich zu sehen!", begrüßte sie ihn herzlich und streckte beide Arme aus. Er umarmte sie zur Begrüßung und zog dann seine Jacke aus. „Heute gehen wir nach oben in den Seminarraum", sagte sie, als sie die Jacke in der Garderobe verstaute. „Ralf kommt auch gleich." Sie gingen gemeinsam die Treppe hinauf und betraten den Seminarraum, der genau in dem gleichen Stil gehalten war, wie die Räume, die Manfred ja schon kannte. „Nimm bitte Platz, wo immer du möchtest." In diesem Moment kam Ralf herein. "Hallo Manfred", rief er freudig. „Hallo Ralf", begrüßte ihn Manfred herzlich, als sie sich die Hände schüttelten. Sie setzten sich in die bequemen Sessel und waren direkt in ein Gespräch über ein Bauprojekt vertieft, an dem sie beide zusammen gearbeitet hatten. Manfred war damals Bauleiter gewesen und Ralf hatte die Projektleitung für die umfangreichen Stahlbauarbeiten übernommen, die bei dem Bauvorhaben ausgeführt werden mussten. Brigitte schenkte Kaffee ein und staunte, dass die beiden sich so gut kannten.

„Wir kennen uns ja nun schon eine ganze Weile", wandte sich Manfred zu Ralf. „Dass du Ingenieur bist, das wusste ich. Aber dass du auch als Hypnosetherapeut tätig bist, hast du nie mit einem einzigen Wort erwähnt." „Das Eine hat ja auch nichts mit dem Anderen zu tun", erklärte Ralf. „Wenn ich als Ingenieur tätig bin, dann übe ich diesen Beruf professionell aus und erzähle nichts von Hypnosen. Und von früheren Leben schon gar nicht", fügte er hinzu. „Und wenn ich hier als Hypnosetherapeut tätig bin oder gemeinsam mit Brigitte Seminare durchführe, dann erzähle ich nichts von Bauprojekten. Das sind völlig verschiedene Welten, die man einfach nicht miteinander vermischen sollte."

Nach einer guten Viertelstunde kamen sie zum eigentlichen Thema: „Was möchtest du genauer erfahren, Manfred?", fragte Brigitte.

„All das, was ich bei der Hypnose erlebt habe, ist für mich so unfassbar, dass ich es mir nicht erklären kann. Und ich möchte es doch gerne verstehen und nachvollziehen können. Wie kann ich mich so real in einem früheren Leben wiederfinden? Schloss Friedberg habe ich im Internet gefunden. Es liegt tatsächlich in der Nähe von München. Und als ich die Bilder im Internet sah, war mir alles vollkommen vertraut, ganz so, als sei ich schon mal da gewesen. Vor der Hypnose hatte ich noch niemals etwas von Friedberg gehört. Da bin ich mir vollkommen sicher. Und wieso kann ich mein ganzes Leben mit einer einzigen Hypnose verändern – und noch dazu aus einem früheren Leben heraus? Mir geht es jetzt bestens, aber ich möchte zu gern wissen, wie das alles zusammenhängt. Und dann noch..." „Moment", unterbrach ihn Ralf, nicht so viel auf einmal. Vielleicht sollten wir erst noch einmal über ein paar grundsätzliche Betrachtungen sprechen und dann tasten wir uns Schritt für Schritt voran. Einverstanden?" Manfred nickte, "Na klar!"

Der Auslöser des Wandels

„Wenn es dich interessiert", grinste Ralf, „dann kann ich dir gerne zuerst einmal erzählen, wie ich als Ingenieur dazu gekommen bin, mich mit psychischer Energiearbeit und Hypnose zu beschäftigen." „Oh ja", sah Manfred ihn gespannt an. „Das interessiert mich brennend." „Das kann ich mir vorstellen", lachte Ralf und er begann zu erzählen:

„Nach meinem Maschinenbau-Studium habe ich in der Werksinstandhaltung eines großen Unternehmens in Ratingen angefangen, das zu einem weltweit tätigen Elektrokonzern gehört. Die Arbeit machte mir Freude und nach vier Jahren war ich Leiter der gesamten Werksinstandhaltung. Während dieser Zeit hatte ich beruflich oft mit einer Frau zu tun, auch einer Ingenieurin. Wir mochten uns und hatten irgendwie einen Draht zueinander, mehr aber auch nicht. Nennen wir sie einmal Sabrina. Ich war schließlich verheiratet und sie war gerade im Begriff zu heiraten.

Mit dreißig habe ich mich dann selbständig gemacht und gemeinsam mit meinem Vater einen eigenen Fachbetrieb für Instandhaltung gegründet. Wir haben in einer Garage angefangen", grinste Ralf. „Dann kam der Stahlbau hinzu und nach drei Jahren haben wir eine eigene, große Produktionshalle in Grevenbroich gebaut. Zwei Jahre später haben wir dann die gesamte Instandhaltungsabteilung meines früheren Arbeitgebers übernommen. Die Geschäfte liefen gut und ich führte schon ein recht luxuriöses Leben, einschließlich teurer Autos und einer großen Motorjacht. Den Luxus konnte ich aber kaum genießen, denn ich habe immer bis tief in die Nacht hinein gearbeitet.

Dann entschloss sich mein früherer Arbeitgeber, ein neues Werk, das viel kleiner sein sollte als das alte, in Ratingen zu bauen. In diesem Zusammenhang haben wir dann mit unserer Firma über einhundert Mitarbeiter und große Teile des Maschinenparks übernommen. Dazu haben wir dann auch ein neues, großes Werk in Neuss errichtet. Damals hatten wir zweihundertfünfzig Mitarbeiter an drei Standorten. Es ging uns wirtschaftlich gut und ich war als erfolgreicher Unternehmer, der ich ja schließlich auch war, überall geachtet. Allerdings war zu diesem Zeitpunkt schon meine zweite Ehe gescheitert.

Die meisten Außenstehenden dürften mich wohl damals beneidet haben, aber in meinem tiefsten Inneren war ich kreuzunglücklich, und das während der ganzen Jahre. Während dieser gesamten Zeit hatte sich meine Beziehung zu Sabrina immer weiter vertieft, bis ich sie schließlich abgöttisch liebte – eine unerfüllte Liebe, wohlgemerkt. Während der ganzen Jahre sahen wir uns beinahe täglich und es baute sich ein unerschütterliches Vertrauensverhältnis zwischen uns auf. Heute, aus der Distanz heraus, kann ich dieses knisternde Spiel, was Sabrina und ich fast sechzehn Jahre lang miteinander gespielt haben, am ehesten so

beschreiben: Sie verstand es meisterlich, mich anzu-
ziehen und dann auf Distanz zu halten. Und bei mir
war es das Prinzip "Hoffnung", das mich daran hinder-
te, dieses grausame Spiel zu beenden. Ich weiß noch
genau, wie meine damalige Freundin Monika es mit
zwei Sätzen präzise auf den Punkt brachte, als wir
über Sabrina sprachen." "Sie wertet sich damit auf. Sie
hat dich am Faden und manchmal zieht sie daran."
„Ich hänge an niemandes Faden", hatte ich damals
trotzig geantwortet. Heute weiß ich, dass Monika recht
hatte. Liebe macht eben blind.

Aber so blind auch nicht, denn immerhin habe ich
den "Ausbruch" versucht. Sabrinas Ehe war auch gescheitert und sie hatte sich ein Haus in Ratingen gekauft. Wir lebten beide alleine und setzten unser Spiel
unverändert fort. Aus meinem rationalen Bewusstsein
heraus war mir vollkommen klar, dass ich dieses un-
faire Spiel so schnell wie möglich beenden musste. Nur
mein Unterbewusstsein hielt an dieser abgöttischen
Liebe eisern fest. Mir war vollkommen klar, dass ich
eine Schraube locker haben musste, um so etwas mit-
zumachen. Also machte ich einen Termin bei einem
Psychotherapeuten in Düsseldorf, in der Hoffnung,
dass dieser die Schraube wieder festziehen würde.
Dann würde ich wieder innerlich frei sein und mein
Leben genießen können. Der Psychotherapeut schlug
eine Gesprächstherapie vor und erklärte, dass eine
psychotherapeutische Behandlung fünfundvierzig Minuten dauern würde – alles andere sei zu viel für den
Patienten. Ich aber wollte den schnellen Erfolg und so

bat ich ihn, zwei- beziehungsweise dreistündige Termine vorzusehen. Im Ergebnis habe ich dem Psychotherapeuten während einiger dieser Termine meine ganze Lebensgeschichte erzählt. Hierbei hatte ich inständig darauf gehofft, er könne mich von meiner Liebe zu Sabrina befreien. Und das Beste war: Jedes Mal wenn ich von einem solchen Termin zurückkam, nahm Sabrina mich in den Arm, schaute mich mitleidig an und fragte: "Hattest du eine schwere Sitzung"? Nach dem dritten Termin hatte der Therapeut mir erklärt, dass ich aus seiner Sicht keiner psychotherapeutischen Behandlung bedurfte. Er schlug stattdessen vor, weitere Termine in Form einer Paartherapie gemeinsam mit Sabrina zu machen. Er wolle seine Frau, die auch Psychotherapeutin war, bitten, an diesen Gesprächen teilzunehmen."

Ralf machte eine kleine Pause und goss sich eine Tasse Kaffee ein. Brigitte und Manfred hatten aufmerksam zugehört und wollten Ralf nicht unterbrechen.

„Als Sabrina hörte, dass sie mit zum Psychotherapeuten kommen sollte", fuhr er fort, „hatte sie sich zunächst vehement geweigert, dann aber schließlich doch eingewilligt. Es gab zwei solcher Gespräche, die stellenweise sehr emotional verliefen. Hierbei stellten die Psychotherapeuten verwundert fest, dass Sabrina und ich uns streiten würden wie ein altes Ehepaar, das schon zwanzig Jahre miteinander verheiratet wäre. In jedem dieser Gespräche hatten wir gemeinsam festgelegt, dass Sabrina und ich uns bestmöglich aus dem Weg gehen wollten. Doch als wir dann die breite Holztreppe des Patrizierhauses gemeinsam hinunter gingen, hatte Sabrina bereits unten wieder meine Hand genommen und meinte: "Komm, wir gehen Kaffee trinken". Wir schlenderten dann Hand in Hand die Straße entlang. Jedes Mal, wenn wir dann an einer psychotherapeutischen Praxis vorbeikamen, zeigte sie vergnügt auf das Praxisschild und lachte: "Guck mal, hier ist auch noch einer. Was willst du denn eigentlich bei dem Psychiater? Der hat doch keine Chance gegen dich." Als ich sie dann verständnislos ansah und sie fragte, ob sie sich vorstellen könne, dass ich mir Hilfe von dem Psychiater erhofft hätte, meinte sie nur "das nützt doch nichts" und legte den Arm um mich. Also setzten wir unser gemeinsames Spiel weiter unverändert fort. Das Unterbewusstsein ist also doch stärker als alle Vernunft.

Als ich dann den nächsten Termin absagte, hatte ich die Frau des Psychotherapeuten am Telefon. Sie äußerte vollstes Verständnis für die Terminabsage und fragte mich: "Herr Mooren, was wollen Sie eigentlich mit dieser neurotischen Ziege"? „Die beiden Psychotherapeuten hatten mit einer hoch professionellen Gesprächsführung ihr Bestes gegeben und waren nun sichtlich enttäuscht. Aber ich war ihnen sehr dankbar. Auf diese Weise hatte ich mich der Situation zumindest einmal konkret stellen können. Wenn ich damals schon die Möglichkeit der Hypnose gekannt hätte, dann wäre mein Leben sicherlich ganz anders verlaufen", fügte Ralf nachdenklich hinzu.

Etwa zwei Jahre später begann mein Hauptkunde, von dem wir zu über neunzig Prozent abhängig waren, die bestehenden Verträge, die uns langjährige Belieferungsrechte einräumten, zu brechen. Als ich darüber mit dem Geschäftsführer des Unternehmens diskutierte, wurden Rechnungen verspätet gezahlt, sodass uns in ganz kurzer Zeit etwa drei Millionen Euro in der Kasse fehlten. Daraufhin habe ich das Werkstor schließen lassen und keinem LKW mehr gestattet, vom Hof zu fahren. Der Geschäftsführer rief mich zwei Tage später an und forderte seinerseits die Vertragseinhaltung und Belieferung. Ich hatte ihm dann erklärt, dass ich bei den hohen Außenständen nicht mehr produzieren könnte. Aber in dem Moment wo er seine Rechnungen bezahlen würde, könnte ich sofort wieder produzieren. Am gleichen Nachmittag waren die drei Millionen auf meinem Konto und die LKWs rollten wieder.

Drei Monate später erklärte man mir unvermittelt, man werde seine eigene Produktion komplett für drei Monate einstellen und insofern in dieser Zeit keine Warenlieferungen mehr benötigen.

In Erfüllung meiner gesetzlichen Pflichten als Geschäftsführer musste ich drei Monate später für die gesamte Unternehmensgruppe Insolvenz anmelden. Damit hatte ich alles auf einen Schlag verloren. Und das Problem mit Sabrina hatte sich ein weiteres, halbes

Jahr später auch von alleine erledigt: Sie hatte einen neuen Freund."

„Puhh", sagte Manfred, „dann hattest du ja auch kein leichtes Leben." „Ich denke, es musste so kommen. Ich habe damals viele Fehler gemacht, aber auch aus ihnen gelernt. Der größte Fehler, den ich hierbei gemacht habe, war der, alles aus meinem Bewusstsein heraus, also mit meinem analytischen Verstand, lösen zu wollen. Wie man das als Ingenieur ebenso macht", lachte Ralf. „Hätte ich auf meine Intuition gehört und diese nicht verdrängt, dann wäre mir sicherlich einiges erspart geblieben. Zwei Jahre vor der Insolvenz hätte ich das gesamte Unternehmen für einen hohen, zweistelligen Millionenbetrag an einen Konzern verkaufen können. Die Verträge waren bereits in Vorbereitung, aber dann hatte ich das Kaufangebot abgelehnt. So komisch das klingen mag", fuhr Ralf fort, „aus heutiger Sicht bin ich froh, dass alles so gekommen ist. Ich bin niemandem böse und trauere dem, was ich damals alles verloren habe nicht ein bisschen nach. Im Gegenteil: Für mich taten sich neue Perspektiven auf und ich denke, ich lebe heute viel bewusster und zufriedener, als ich es damals tat. Und wenn du dich heute hier so umschaust, dann lebe ich gar nicht mal schlecht", schmunzelte Ralf.

Die Zwischenbilanz des Lebens

Manfred schaute Ralf mitfühlend an. „Wie lange ist das jetzt alles her?", fragte er. „Über zehn Jahre", gab Ralf zur Antwort. „Und wie hast du das alles so verarbeitet?", wollte Manfred wissen. „Das muss doch alles für dich ganz furchtbar gewesen sein." „Das war es auch", antwortete Ralf. „Es war so etwas wie der totale Zusammenbruch. Aber jedes Ende bietet auch die Chance zu einem kompletten Neuanfang.

Wie du dir vorstellen kannst, stand ich mit Leib und Seele hinter meinem Unternehmen. So hatte ich alles, was ich damals besaß, noch in das Unternehmen gesteckt, um die Insolvenz abzuwenden. Sogar mein Schiff hatte ich kurz vorher noch als Sicherheit gegeben. Mit der Insolvenz war alles weg.

Aber das war nicht das Schlimmste. Das Schlimmste für mich war das Gefühl, versagt zu haben. Nüchtern betrachtet, hatte ich in der Kürze der Zeit, in der das alles passiert ist, überhaupt keine Chance zu reagieren. Wenn urplötzlich ein Quartalsumsatz wegfällt, dann hast du praktisch keine Chance, insbesondere dann nicht, wenn du vorher Personal unter Anerkennung der Vorbeschäftigungszeiten übernommen hattest.

Das Interessante dabei war, dass Leute, die mich vorher hofiert hatten, auf einmal zu selbsternannten Experten in Unternehmensführung mutierten. Und die diese dann auch selbstverständlich kritisierten. Noch interessanter allerdings war für mich die Tatsache, dass Menschen, die ich vorher gar nicht wahrgenommen hatte, auf einmal dastanden und mir Mut zusprachen. Und dann war da noch die Berichterstattung im Fernsehen, im Hörfunk und in der Presse. Nicht dass ich gegen die Berichte als solche etwas gehabt hätte, denn die waren sachlich und einwandfrei. Aber wenn du dich morgens ins Auto setzt und der Nachrichtensprecher verkündet, dass dein Unternehmen in Schwierigkeiten ist, dann ist das nicht gerade angenehm. Und dann waren da noch die Politiker, die sich in Szene setzten, um ihre Umfragewerte zu steigern. Nein, das war alles schon ziemlich belastend.

Was mich dann aber wirklich aus der Bahn geworfen hat, das war das jähe Ende meiner unrühmlichen Beziehung zu Sabrina, die letztlich nie eine gewesen ist, aber doch eine tiefe Wunde aufgerissen hatte.

Ich weiß es noch", fuhr Ralf fort, „als wenn es gestern gewesen wäre. Ich saß in meinem Schaukelstuhl, genau unter einem Dachflächenfenster, und betrachtete den Sternenhimmel. Ich war regelrecht schockiert, unfähig zu einer Gemütsregung. Es war wirklich ein vollkommener Schockzustand. Ich weiß nicht, wie lange ich in diesem Zustand da so gesessen habe, aber auf einmal begannen meine Gedanken wieder zu fließen.

Ich dachte über meine Probleme nach, die für mich in dieser Situation absolut erdrückend zu sein schienen. Ich wusste, dass ich Sabrinas Entscheidung akzeptieren musste und dies selbstverständlich auch tun würde. Sie war schließlich ein freier Mensch. Aber ich hätte mir schon gewünscht, dass ich diese neue Entwicklung von ihr selbst gehört hätte und nicht von ihren Eltern erfahren musste. So beschloss ich, mich vollkommen von ihr zurückzuziehen und meine Wunden zu lecken. Dann kamen die Gedanken an die Insolvenz wieder auf. Sie würde Arbeitsplätze kosten. Wenn die Gesellschaft restrukturiert werden würde, könnte es für einen großen Teil der Mitarbeiter weitergehen. Ein potenzieller Investor wäre wirklich zu beneiden. Er erhielte das Unternehmen zum Schnäppchenpreis und alle Mitarbeiter würden neue Verträge erhalten - selbstverständlich ohne Anerkennung von Vorbeschäftigungszeiten. Und was war mit den Mitarbeitern, die ihren Job verlieren würden? Die bekämen immerhin drei Monate lang ihr volles Gehalt und anschließend Arbeitslosengeld. Dann würden sie sich allerdings um eine neue Arbeitsstelle bemühen müssen. Alles sprach immer von den armen Mitarbeitern, aber bei Licht betrachtet, ging es den Leuten deutlich besser als mir.

Dann begann ich, aus größerer Entfernung auf meine Probleme zu schauen. In den Städten Grevenbroich, Neuss und Ratingen mochte es sicherlich Leute geben, die jetzt ein Problem hatten. Dann betrachtete ich die Situation aus größerer Entfernung, genauer gesagt, von Hamburg aus. Hier mochte es vielleicht den einen oder anderen Zulieferer geben, der jetzt eine Umsatzeinbuße haben würde. Aber ein Problem mit der Insolvenz hatte hier bestimmt niemand. Dann ging ich gedanklich noch weiter und blickte von China aus auf die Situation, die mich so sehr beschäftigte. Nein, die Chinesen würden hiermit bestimmt kein Problem haben.

Versunken blickte ich in den klaren Sternenhimmel und fixierte einen hell leuchtenden Stern. Wenn dieser Stern nun fünfhundert Lichtjahre entfernt ist, dann hat das Licht, das mir gerade entgegenfunkelt, fünfhundert Jahre gebraucht, die Erde zu erreichen. Das heißt, überlegte ich mir, dass der Stern, der gerade so schön funkelt, vielleicht heute schon gar nicht mehr existiert. Das heißt aber auch, dass, wenn ich mich jetzt gedanklich auf diesen Stern begeben würde, ich dann die Erde sehen würde, so wie sie vor fünfhundert Jahren war. Dann gäbe es kein Problem.

Dann bemerkte ich, wie ich über mein Leben nachzudenken begann. Ich fragte mich, was ich verändert haben würde durch mein Leben, wenn dieses in dieser Sekunde zu Ende gewesen wäre. Was würde ich mitnehmen? Nein, natürlich nichts Materielles. Insofern konnte mir der materielle Verlust bei dieser Betrachtung herzlich egal sein. Aber es musste etwas anderes geben. Es musste irgendetwas geben, das bleibt. Irgendetwas, das sich dadurch verändert haben würde, dass ich gelebt hätte. Als erstes fielen mir meine Kinder ein. Ich habe drei Kinder aus zwei Ehen. Marc, Kyra und Alina. Die Kinder wären nicht da, wenn ich nicht gelebt hätte. Sicherlich war ich weit entfernt davon, ein guter Vater zu sein, aber ich war immer da, wenn ich gebraucht wurde. Zumindest sehe ich das so. Die Kinder, die zwischenzeitlich übrigens erwachsen sind, mögen das vielleicht an der einen oder anderen Stelle anders sehen. Marc und Kyra studieren und Alina besucht noch die Oberstufe des Gymnasiums. Vielleicht können sie ja in ihrem Leben noch viel bewirken. Das wünsche ich mir.

Dann dachte ich über alles nach, was ich in meinem Leben sonst noch bewirkt haben könnte. Bestimmt würde es Menschen geben, die jetzt durch den Verlust ihres Arbeitsplatzes in Schwierigkeiten kämen. Doch dann fiel mir ein, dass ich diese Arbeitsplätze erst geschaffen hatte. So dachte ich über den Sinn meines Lebens nach, die ganze Nacht. Am Ende kam ich für mich zu der Erkenntnis, dass ich dieses Leben lebe, um etwas zu bewirken, etwas zu verändern. Ich bin sicher, dass dies für jeden Menschen zutrifft. Jeder an dem Platz, wo er gerade ist. Und das Wichtigste, was ich in dieser Nacht gelernt habe, ist die Tatsache, dass jeder für sein Leben und seine Lebensführung selbst verantwortlich ist. Diese Verantwortung kann man keinem erwachsenen Menschen abnehmen, auch wenn es erwartet wird. In dieser Nacht habe ich mir vorgenommen, so viel über das Leben zu lernen, wie es mir möglich ist. Ich wollte verstehen, Stückchen für Stückchen, immer mehr. Und dann habe ich begonnen, mich mit dem zu beschäftigen, was üblicherweise als "Grenzwissenschaften" bezeichnet wird. Vorher habe ich allerdings meine zwischenzeitlich verstaubten

Kenntnisse in Physik und Quantenphysik nochmals aufgefrischt."

Brigitte und Manfred hatten Ralf die ganze Zeit zugehört, ohne ihn einmal zu unterbrechen. „Und wie hast du diese Situation mit Sabrina verarbeitet?", fragte Manfred leise.

Ralf nahm nachdenklich einen Schluck Kaffee. „Der Schockzustand, anders kann ich das nicht bezeichnen, hielt fünf Monate an. In dieser Zeit war ich wie apathisch. Bei der Arbeit musste ich mich mit unglaublicher Kraft dazu zwingen, mich auf eine Sache zu konzentrieren. Ich war zwischenzeitlich übrigens als freiberuflicher Ingenieur tätig, sodass ich mir die Arbeit einigermaßen einteilen konnte. Aber wenn ich mich eine Stunde lang konzentriert hatte, dann musste ich raus, irgendwo in den Wald. Dort hing ich meinen Gedanken nach und wenn es wieder einigermaßen ging, habe ich weitergearbeitet. Schließlich hatte ich keinerlei finanzielle Reserven mehr und meine beiden Familien musste ich ja auch unterstützen. Als diese fünf Monate, in denen ich zu keiner Gemütsregung fähig war, vorbei waren, löste sich der Schock schlagartig. Präzise gesagt, hatte ich mich ins stille Kämmerlein verzogen und drei Tage am Stück geweint. Danach ging es besser. Diese unnatürliche Starre war verschwunden. Aber ich war danach noch sehr lange und sehr oft sehr traurig. Nach einem Jahr ging es deutlich besser, aber bis das alles vollkommen verarbeitet war, sind so etwa fünf Jahre ins Land gegangen. Aber dieser

Zustand des Trauerns hatte auch etwas Gutes: Ich habe mich in jeder freien Minute der Erforschung des Lebens gewidmet." „Hast du die Frau danach noch mal gesehen?", fragte Manfred. „In den folgenden Jahren noch ein paar Mal, weil wir noch das eine oder andere geschäftlich zu erledigen hatten. Wir konnten nett und freundlich miteinander sprechen und ansonsten habe ich mich sehr distanziert. Heute ist dieses Kapitel zum Glück vollkommen abgeschlossen."

Energiearbeit – die intuitive Rückverbindung

„Nachdem die Psychotherapie damals nicht funktioniert hatte, machte ich mich auf die Suche nach alternativen Methoden. Dann erzählte mir ein Kollege, er habe Reiki-Kurse absolviert und seitdem würde es ihm viel besser gehen." Manfred horchte auf. „Was ist Reiki?", erkundigte er sich. „So etwas wie „Heilung durch Handauflegen", erklärte Ralf. „Reiki ist eine fernöstliche Heilkunst, die darauf beruht, dass du die universale Energie, mit der du immer verbunden bist, bewusst in dankbarer Haltung in dich einfließen lässt und diese über deine Hände an denjenigen, den du gerade behandelst, weitergibst. Natürlich kannst du dich auch selbst damit behandeln." „Und das funktioniert?", fragte Manfred. „Ja, das funktioniert sogar sehr gut", erklärte Ralf. „Allerdings ist die Ausübung von Reiki nach Doktor Usui mit einem hohen Aufwand verbunden. Wenn du Reiki-Kurse absolvierst, dann erlernst du dort insgesamt vier Reiki-Symbole, die aus japanischen Schriftzeichen bestehen. Diese musst du dann gedanklich in der richtigen Reihenfolge zeichnen, und zwar solange, bis sie in Fleisch und Blut übergegangen sind. Dann übst du noch die richtige Handhaltung und die Behandlungspositionen, erlernst die Reiki-Lebensregeln und erhältst zum Schluss eines jeden Reiki-Grades eine Initiation, also eine sogenannte Einweihung, die der Reiki-Meister dann an dir vornimmt." „Klingt kompliziert", bemerkte Manfred.

„Das ist es auch", stimmte Brigitte zu. „Es war für mich der Einstieg in die Energiearbeit und von daher war es gut. Das ging sogar so weit, dass ich, als ich vor fünfzehn Jahren damit anfing, die Reiki-Symbole als Patchwork - Arbeiten auf Seide aufgenäht habe. Im Laufe der Zeit und dem praktischen Arbeiten mit Reiki, habe ich dann erfahren, dass dieses ganze Brimborium mich nur einschränkt. Heute bitte ich einfach um alle Energien des Lichts und lasse mich dabei intuitiv führen. Dadurch beschränke ich mich nicht auf Reiki und werde auch nicht durch irgendwelche starren Rituale vom Wesentlichen abgelenkt. Was allerdings wirklich wichtig war, das waren die Initiationen. Hierdurch bin ich sehr offen geworden für die Wahrnehmung dieser Energien und natürlich auch für das Arbeiten mit ihnen", schmunzelte Brigitte.

„Hast du auch solche Reiki-Kurse besucht?", fragte Manfred. „Ja", antwortete Ralf, „das war für mich auch der Einstieg in die Energiearbeit, genauso wie bei Brigitte. Das Gute daran war", fuhr Ralf fort, „dass man sich, abseits der üblichen Tagesarbeit, hier konzentriert mit Fragen des Lebens und des Seins beschäftigen konnte. Das, was mir daran gefallen hat, war die Tatsache, dass jeder Mensch genauso angenommen wird, wie er ist. Es gibt also keine Form irgendeiner Doktrin und der freie Wille eines Anderen wird absolut respektiert. Als Brigitte und ich uns um diese Zeit herum bei einem spirituellen Seminar trafen, waren wir beide bereits Reiki-Meister und Lehrer. Damals hatten wir uns entschlossen, in Brigittes damaliger Praxis selbst Reiki-Seminare durchzuführen. Hierbei haben wir dann Schritt für Schritt aus unseren Erfahrungen heraus all den aus unserer Sicht überflüssigen Ballast abgeworfen und unsere eigene Methode entwickelt, die aus unserer Sicht deutlich einfacher und umfassender ist. Auf jeden Fall ist sie hoch wirksam", fügte er hinzu.

„Wer besucht denn solche Energiearbeits-Seminare oder überhaupt spirituelle Seminare?", erkundigte sich Manfred. „Vielfach sind das Leute, die irgendein einschneidendes Erlebnis in ihrem Leben hatten", erklärte Brigitte. „Also ein solches Erlebnis, wie Ralf es gerade geschildert hat", fuhr sie fort. „Von solchen Ereignissen gibt es so viele, wie es Menschen auf dieser Welt gibt. In der Regel handelt es sich bei diesen individuellen Erlebnissen um solche, die in irgendeiner Form zu einer Lebenskrise geführt haben, die also eine große Belastung darstellten. Solche Schlüsselerlebnisse führen dann vielfach zu dem Wunsch, das Leben und das ganze menschliche Sein besser verstehen zu wollen. Das war ja auch bei Ralf der Auslöser.

Natürlich möchten sich auch vielfach Angehörige der Heilberufe mit dem Verfahren der Energiearbeit vertraut machen und diese in der eigenen Praxis anwenden, vielfach additiv zu anderen Behandlungsmethoden." „Und was ist jetzt diese universale Energie, von der ihr im Zusammenhang mit eurer Energiearbeit sprecht?", fragte Manfred interessiert. „An dieser Stelle sollten wir etwas weiter ausholen und uns zunächst mit der Physik beschäftigen", schlug Ralf vor.

Woraus bestehen wir eigentlich?

„Wir sind doch beide Ingenieure, Manfred", stellte Ralf fest. „Das bedeutet, dass wir uns zumindest während unseres Studiums ein gesundes Halbwissen in exakten Wissenschaften aneignen mussten, also zum Beispiel in Mathematik, Physik, Chemie oder technischer Mechanik." „Au ja", sagte Manfred. „Und Thermodynamik", fügte er hinzu. „Das hieß bei uns immer Thermodramatik."

„Und bei all diesen Wissenschaften zählt doch immer nur eines, nämlich das Experiment", fuhr Ralf fort. „Wenn ich bei einem Experiment etwas beobachten oder messen kann und wenn ich es dann noch reproduzieren kann, dann kann ich doch sagen, dass das, was ich beobachtet oder gemessen habe, real ist. Eine mathematische Beweisführung ist natürlich auch möglich, aber es geht doch nichts über das Experiment." „Stimmt", sagte Manfred.

„Dann lass uns doch einfach mal die Materie betrachten. Also das, woraus alles besteht, jeder Stein, jede Pflanze, jedes Tier und natürlich auch jeder Mensch", fügte Ralf hinzu. „Nach dem, was wir gelernt haben, besteht alles aus Atomen, die wiederum zu Molekülen zusammengeschlossen sind", erklärte Manfred.

„Stimmt, der Begriff "Atom" wurde dabei irgendwann, etwa um 400 vor Christus, durch den griechischen Philosophen Demokrit geprägt. Atom heißt hierbei so viel wie das "Unteilbare". Demokrit ging also davon aus, dass Materie aus winzigen, festen Einzelstückchen besteht. Wenn ich also einen Hammer nähme und diese Tasse hier zerschlagen würde, dann müsste ich nur lange genug auf die Scherben einschlagen, bis ich einen feinen Staub erhalte, der aus Atomen besteht. Diese Atome wären dann nach Demokrit nicht mehr teilbar. Und genau das hat die gesamte, zivilisierte Welt dann auch über 2000 Jahre geglaubt. Und wehe dem, der etwas anderes behauptet hätte." Ralf nahm einen Schluck Kaffee.

„1911 hat Ernest Rutherford in seinem berühmten Streuversuch eine hauchdünne Goldfolie mit Alpha – Teilchen beschossen, also mit radioaktiver Strahlung. Man könnte auch sagen, dass die Goldfolie geröntgt wurde. Heraus kam, dass die Goldfolie von der Strahlung nahezu ungehindert durchdrungen wurde. Von festen Atomen konnte also keine Rede mehr sein.

1913 entwickelte Nils Bohr sein Atommodell. Hierzu verband er die von Max Planck und Albert Einstein erstellten Studien der Quantenphysik mit den Gesetzen der klassischen Physik. Schließlich entwickelte er 1922 das "Periodensystem der Elemente", in dem die chemischen Elemente geordnet nach ihrer Massenzahl und ihren Eigenschaften aufgelistet sind. Zur Erklärung des Atomaufbaus entwickelte Bohr hier ein Schalenmodell, mit dem wir alle mal im Chemieunterricht konfrontiert wurden."

„Ja", pflichtete Manfred bei. „Demnach besteht ein Atom aus einem Atomkern und einer Elektronenhülle. Im Atomkern befinden sich Protonen und Neutronen, also unendlich kleine Teilchen, die sich dicht aneinander knubbeln. Und die Hülle besteht aus Elektronen, die in verschiedenen Abständen, den sogenannten Schalen, mit affenartiger Geschwindigkeit um den Atomkern sausen. Dabei drehen die Elektronen sich noch um sich selbst. Sie haben also selbst noch spezifische Eigenschaften, nämlich ihren so genannten Spin."

„Genau", antwortete Ralf, „dann stellen wir uns das doch einfach einmal bildlich vor. Die Teilchen, über die wir hier sprechen, sind ja unendlich klein – so klein, dass man sie mit keinem noch so guten Elektronenmikroskop sehen kann. Diese Größenverhältnisse sind für uns als Menschen einfach nicht vorstellbar. Mit den Zahlen können wir aber rechnen. Ein Proton hat einen Durchmesser von

0,000.000.000.000.000.17 Metern

und ein Elektron ist noch zehntausend Mal kleiner. Unter solchen Abmessungen können wir uns einfach nichts bildlich vorstellen."

„So habe ich das noch nie gesehen", bemerkte Manfred erstaunt. „Darüber, mir ein Elektron oder ein Proton in seiner wahren Größe vorzustellen, habe ich mir noch nie Gedanken gemacht."

„Hierüber habe ich auch erst angefangen nachzudenken, als ich begann, mich mit der Energiearbeit zu
beschäftigen", sagte Ralf. „Es war mir einfach wichtig,
vernünftige und rational nachvollziehbare Ansätze zu
finden, um das, was wir hier täglich durchführen, sau-
ber zu erklären. Und deshalb habe ich ein solches Atom
einmal maßstäblich vergrößert, damit wir uns wenigstens eine vage Vorstellung davon machen können, von
welchen Größenordnungen wir hier eigentlich reden.
Dabei habe ich festgestellt, dass selbst ein maßstäblich
vergrößertes Modell auch nur sehr schwer vorstellbar
ist. Das liegt an der Winzigkeit des Elektrons und dem
vergleichsweise riesigen Abstand zwischen Elektron
und Proton. Daher musste mein Modell sehr groß werden: Es ist die Erde", schmunzelte Ralf.

„Nehmen wir für unser Modell das kleinste und einfachste Atom, das es gibt, nämlich ein Wasserstoff-
atom", begann Ralf sein maßstäbliches Modell zu erklären." „Ja, das hat nur ein Proton und ein Elektron",
stimmte Manfred zu.

„Und wenn du dir das Proton nun als Kugel mit einem Durchmesser von zweihundert Metern vorstellst,
die genau im Erdmittelpunkt positioniert ist, und dann
noch das Elektron von der Größe einer Walnuss, dann
ist unser maßstäblich vergrößertes Atommodell schon
fertig. Mit anderen Worten: Eine Walnuss fliegt mit
hoher Geschwindigkeit pausenlos über die gesamte
Erdoberfläche und umkreist dabei die Kugel im Erdmittelpunkt. Die ganze Erde bildet hierbei die Hülle

unseres Atoms. Aber nur, weil sie von der Walnuss "scheinbar" gebildet wird.

Manfred guckte ungläubig. „Bist du da sicher?", fragte er. „Ziemlich sicher", grinste Ralf. „Ich habe den Abstand von 5,3 x 10 $^{-11}$ m, der ungefähr den mittleren Radius zwischen Proton und Elektron bildet, auf den Erdradius vergrößert und dann die Größen von Proton und Elektron im Verhältnis angepasst. Das habe ich drei Mal nachgerechnet, weil ich es auch nicht glauben konnte. Um alleine das Elektron auf die Größe einer Walnuss zu bringen, musst du es trillionenfach vergrößern. Die anderen Werte für Proton und Radius natürlich auch und dann maßstäblich an den Erdradius von rund 6.300 Kilometern anpassen. Und ob das Elektron jetzt so groß ist, wie eine Walnuss oder eine Orange – das macht den Kohl hier auch nicht fett. Es ist einfach gigantisch viel "Null-Raum" in einem Atom vorhanden. In unserem Modell haben wir also ein kugelförmiges Hochhaus in der Mitte, um das sich eine Walnuss im Abstand von 6.300 Kilometern dreht. Und dabei entsteht eine Elektronenhülle, die so groß ist, wie die Erde."

Manfred überlegte: „So habe ich das Atommodell noch nie betrachtet. Da ist ja wirklich eine ganze Menge von "Nichts" zwischen dem Atomkern und dem Elektron. Und selbst wenn du dich bei deiner Berechnung um ein paar Zehnerpotenzen vertan haben solltest, was ich natürlich nicht glaube", grinste er, „dann würde das bei diesen Dimensionen nur zu im Verhältnis marginalen Unterschieden führen. Die gesamte Materie besteht also aus "viel Nichts" und ein paar Elementarteilchen", sinnierte Manfred.

Alles kommt und geht aus dem Nichts

„Ganz so ist das offensichtlich auch nicht", warf Ralf ein. „Jetzt kommen nämlich die Quantenphysiker um die Ecke und behaupten, dass ein solches Proton oder Elektron nicht das kleinste Teilchen ist – und schon gar nicht fest. Vielmehr bestehen diese nach der Quantenphysik wiederum aus "Quarks". Das sind noch viel kleinere Teilchen, die mittels der Quantenmechanik theoretisch beschrieben werden.

Und das Beste an diesen Teilchen ist, dass sie aus dem leeren Raum urplötzlich auftauchen und wieder verschwinden. Es herrscht also ein ständiges Kommen und Gehen von Quarks in einem Proton oder Elektron. Demzufolge besteht unsere trillionenfach vergrößerte Elektron-Walnuss gar nicht aus fester Materie. Sie wird gebildet aus Energieteilchen, die urplötzlich aus dem Nichts auftauchen und wieder verschwinden.

Die Theorie der Quantenmechanik wird von Physikern eingesetzt, um die Eigenschaften von Materie zu beschreiben. Und das Tollste daran ist, dass es sogar nachweislich funktioniert. Wir haben viele technische Errungenschaften der heutigen Zeit den quantenmechanischen Berechnungen dieser Physiker zu verdanken. Es funktioniert also auf der Annahme eines Modells von ständig kommenden und gehenden Energiezuständen. Oder, wenn ich es anders ausdrücke, dann funktioniert die ganze Quantenmechanik auf der stillschweigenden Annahme, dass Materie, so wie wir sie jeden Tag wahrnehmen, als fester Stoff gar nicht existent ist.

Die Tasse hier ist ja da und der Kaffee in dieser Tasse ist auch real. Allerdings nur auf der Ebene, die wir mit unseren fünf Sinnen wahrnehmen können. Gehe ich aber tiefer in die Materie und suche das kleinste Teilchen, aus dem diese Tasse besteht, dann werde ich am Ende nur Energiefelder in Form von Quarks sehen, aber ganz bestimmt keine feste Materie.

Aus der Tatsache heraus, dass quantenmechanische Berechnungen zu realen und funktionierenden Produkten führen, ist aus meiner Sicht vorsichtig abzuleiten, dass die Quantenmechanik funktionieren könnte", grinste Ralf. „Aber dann bestünde alles was wir sehen und anfassen können, und natürlich auch wir Menschen, aus reiner Energie.

Das Fatale an der Sache ist, dass wir uns, wenn wir von Quantenmechanik reden, auf einem Feld hoch komplexer Theorien bewegen. Letztlich fehlt der Nachweis durch das Experiment.

Und um diesen Nachweis zu führen, also zu verstehen, wie Materie wirklich aufgebaut ist, betreiben zwanzig Staaten das Kernforschungszentrum "Cern" in der Schweiz. Dort werden kleinste Teilchen in sogenannten Teilchenbeschleunigern auf nahezu Lichtgeschwindigkeit beschleunigt und dann über Magnete so geführt, dass sie zusammenprallen. Bei diesem Zusammenprall werden diese Teilchen in noch kleinere Bruchstücke oder, besser gesagt, Bruchenergien, zerlegt. Hierbei erhoffen sich die Wissenschaftler, neue Erkenntnisse über den Aufbau der Materie zu gewinnen.

Am 04. Juli 2012 meldeten Physiker am Forschungszentrum Cern die Entdeckung des "Gottesteilchens"." „Die Entdeckung des Was-Teilchens?", fragte Manfred erstaunt. „Ja", lächelte Ralf, „du hast richtig gehört. Ich habe das Wort "Gottesteilchen" gesagt. Und das im Zusammenhang mit Experimenten des weltweit größten Zentrums für Kernforschung, also einem Forschungszentrum für Physik, die ja eine sehr exakte Wissenschaft ist. Die Experten nennen es übrigens "Higgs-Boson"."

„Und warum wird dieses "Higgs-Boson" als "Gottesteilchen" bezeichnet?", fragte Manfred verwundert. „Das wird deshalb so bezeichnet, weil dieses Teilchen erst den Aufbau von Masse, also Gewicht und damit Materie ermöglichen soll. Die Forscher haben erste Anzeichen für die Existenz eines solchen Teilchens, benötigen aber noch viel mehr Daten", erklärte Ralf.

„Das Interessante daran ist allerdings die Aussage, dass dieses winzige Gottesteilchen für das Entstehen des Universums, so wie wir es kennen, verantwortlich sein soll. Da wir in der Quantenphysik aber von "Energieteilchen" sprechen, also Teilchen, die masselos sind, würde ich an dieser Stelle viel zutreffender das Wort "Gottesenergie" verwenden wollen.

Im Grunde wissen wir nicht, woraus Materie besteht. Es spricht aber vieles, um nicht zu sagen alles, dafür, dass Materie aus reiner Energie besteht. Und das gilt für jede Form der Materie, nämlich organische und anorganische. Mit anderen Worten: Die leider leere Tasse hier, der Tisch, das ganze Haus und auch Brigitte, du und ich bestehen aus reiner Energie, die wir nur als feste Materie wahrnehmen. Und wenn ich das so ausdrücke", fügte Ralf hinzu, „dann stehe ich fest auf dem Boden der exakten Wissenschaft der Physik."

„So bewusst wie jetzt, habe ich noch nie über die Materie nachgedacht", sagte Manfred sinnierend. „Es ist in der Physik ja nicht so, dass es keine Masse gäbe. Jedes noch so kleine Elementarteilchen trägt ja auch eine Masse in sich."

„Natürlich gibt es Masse", sagte Ralf. „Wir sind ja da, alles was wir anfassen und tragen, hat ein Gewicht. Wir selbst auch", fügte er hinzu und sah grinsend an sich herunter. „Die Frage ist nur, woher diese Masse kommt. Wenn ich jetzt wieder auf die Masse der kleinsten Elementarteilchen zurückgehe, dann handelt es sich hierbei ja um theoretisch ermittelte Werte. Denn kein Mensch auf der Welt ist in der Lage, das Gewicht eines Elementarteilchens wirklich zu messen.

Materie oder Energie?

Nach Einsteins berühmter Gleichung $E = mc^2$, sind Masse, also Materie, und Energie vollständig ineinander umwandelbar." Ralf stand auf und ging zu der Flipchart, die sich in der Ecke des Raumes befand. „Schauen wir uns diese Formel doch einfach mal an", sagte er und schrieb die Formel $E = mc^2$ mit einem dicken, blauen Filzstift auf das weiße Papier.

„Hierbei steht der Buchstabe "E" für Energie, der Buchstabe "m" für Masse, also Gewicht, und der Buchstabe "c" für die Lichtgeschwindigkeit, also die Geschwindigkeit, mit der sich das Licht ausbreitet, wenn ich zum Beispiel eine Lampe einschalte. Die Lichtgeschwindigkeit beträgt übrigens 300.000 Kilometer pro Sekunde, unvorstellbar schnell", fügte er hinzu. „Nur mal um ein Gefühl dafür zu bekommen, wie schnell das Licht ist, können wir ja noch einmal unser Atommodell hervorholen, also die Erde", lachte Ralf.

„Die Erde hat einen Umfang von rund 40.000 Kilometern. Und wenn wir uns vorstellen, ein Licht würde sich mit 300.000 Kilometern pro Sekunde parallel zur Erdoberfläche bewegen, dann brauchen wir nur 300.000 durch 40.000 zu dividieren, um eine vage Vorstellung von dieser Geschwindigkeit zu bekommen." Ralf tippte auf seinem Taschenrechner. „7,5", stellte er fest. „Wenn ich mir vorstelle, ich würde hier eine Taschenlampe anknipsen und der Lichtstrahl würde um die Erde laufen, dann wäre er in einer Sekunde bereits 7,5 Mal um die Erde herumgesaust.

Und wenn wir schon bei diesen unvorstellbaren Dimensionen sind, dann können wir uns auch direkt mal den Polarstern anschauen, der von Seefahrern auf der ganzen Welt zur Navigation genutzt wurde, also bevor es das GPS-System gab", fügte er hinzu. Der ist nämlich 430 Lichtjahre von der Erde entfernt. Das Licht braucht also 430 Jahre, bis es vom Polarstern zur Erde gelangt. Man kann die Entfernung natürlich auch in Kilometern ausrechnen." Ralf tippte wieder auf seinen Taschenrechner. „300.000 x 60 x 60 x 24 x 360 x 430", murmelte er vor sich hin. „Das ist eine Vier mit fünfzehn Nullen, was dabei herauskommt. Der Polarstern ist also vier Trillionen Kilometer von uns entfernt. Von diesen Dimensionen kann man sich überhaupt keine Vorstellung machen, weder im Großen noch im Kleinen. Und der Mensch steht mittendrin und sagt im Brustton der Überzeugung: Ich weiß, kenne ich alles schon.

Nachdem wir uns jetzt wieder über unbegreifliche Dimensionen ausgelassen haben, können wir ja mal ein paar Werte in Einsteins Formel einsetzen", schlug er vor. Er ging zum mittleren Fenster und nahm einen großen, seltsam glatt aussehenden, dunkelbraunen Stein von der Fensterbank. Brigitte riss entsetzt die Augen auf und wurde unruhig. „Diese versteinerte Wurzel hier wiegt etwa zehn Kilogramm", grinste Ralf schelmisch und ließ mit einem Seitenblick auf Brigitte

die Wurzel mehrfach von der einen in die andere Hand
gleiten.

„Einstein sagt nun mit seiner Gleichung, dass diese
Masse von zehn Kilogramm vollständig in Energie umgewandelt werden kann. Und wie viel Energie in dieser
Wurzel vorhanden ist, das können wir ja mal eben ausrechnen." Behutsam stellte er die Wurzel wieder auf
ihren Platz zurück. Brigitte atmete erleichtert auf. Jedes Mal dasselbe, dachte sie und nahm sich bestimmt
zum zwanzigsten Mal vor, für die Wurzel einen neuen
Platz zu suchen.

„So", sagte Ralf und begann zu schreiben. „E ist
gleich 10 Kilogramm versteinerte Wurzel mal der
Lichtgeschwindigkeit zum Quadrat. Damit die Einhei-
ten nachher stimmen, müssen wir jetzt die Lichtgeschwindigkeit von 300.000 Kilometern pro Sekunde
noch mit 1000 multiplizieren, damit wir auf Meter pro
Sekunde kommen. Also setzen wir jetzt für die Lichtgeschwindigkeit 300.000.000 Meter pro Sekunde ein. Und
jetzt quadrieren wir diesen Wert, weil Einstein bestimmt auf sein c^2 gepocht hätte. Dann haben wir also
einen Wert von 90.000.000.000.000.000 Meter zum
Quadrat, geteilt durch Sekunden zum Quadrat. Jetzt
multiplizieren wir diesen Wert noch mit den 10 Kilogramm von Brigittes Wurzel und schon haben wir die
Energie E, die in der Wurzel steckt, und zwar in
Newtonmeter. Die Einheit Kilogramm mal Meter durch
Sekunde Quadrat wird hierbei als Newton zusammen-
gefasst. Mit der übrig bleibenden Einheit Meter ent-

steht so die Einheit für Einsteins E, nämlich Newton-meter.

Der Begriff Newtonmeter drückt hier eine mechanische Energie aus, nämlich ein Drehmoment. Die Energie von einem Newtonmeter entspricht exakt der Energie von einer Wattsekunde oder auch der Energie von einem Joule.

Wir können es uns also aussuchen, wie wir die Energie aus Brigittes Wurzel ausdrücken möchten. Hier wähle ich einfach mal den allgemeinen Begriff für die Energie, nämlich das Joule. Somit beträgt das Ergebnis E gleich 900.000.000.000.000.000 Joule. Um die wissenschaftliche Schreibweise zu vermeiden und trotzdem den Überblick über all die Nullen zu behalten, können wir den Wert auch in Petajoule ausdrücken, wobei ein Petajoule zehn hoch fünfzehn Joule ausmacht. Damit beträgt der Wert E dann 900 Petajoule."

„Und was habe ich mir jetzt darunter vorzustellen?", fragte Brigitte. „Das ist die Energie, die bei der vollständigen Umwandlung von 10 Kilogramm Materie entstehen würde. 900 Petajoule entsprechen übrigens 250 Milliarden Kilowattstunden. Mit der Energie aus deiner Wurzel könnte der gesamte Energiebedarf Deutschlands für einen Monat gedeckt werden.

Das, was Einstein mit seiner Formel $E = mc^2$ auf den Punkt bringt, ist die Tatsache, dass Materie und Energie äquivalent sind. Das Eine wird in das Andere umgewandelt. Die Wurzel wird hierbei also nicht verbrannt wie ein Stück Kohle, sondern sie geht direkt aus ihrem materiell manifestierten Zustand in reine Energie über. Das Ganze geht natürlich auch umgekehrt. Soweit die Theorie.

In der Praxis sind wir allerdings heute nur in einem äußerst begrenzten Umfang in der Lage, den Effekt der Energiegewinnung durch Umwandlung von Materie zu nutzen. Wenn wir heute Materie in Energie umwandeln wollen, dann funktioniert das nur mit Stoffen, die von sich aus schon instabil sind. Dann müssen wir radioaktives Uran zunächst in Gaszentrifugen oder Diffusionsanlagen mühsam anreichern, um den winzigen, angereicherten Teil anschließend in Kernreaktoren kontrolliert in Energie umzuwandeln. Damit bringen wir dann Wasser zum Kochen und treiben mit dem Dampf Turbinen an, die ihrerseits wieder Generatoren zur Stromerzeugung antreiben.

Die Menschheit ist heute also nur in der Lage, einen winzigen Bruchteil dessen wirtschaftlich zu nutzen, was in Einsteins Formel steckt. Das ist", sinnierte Ralf, „auch unser aller Glück. Denn, wenn wir technisch in der Lage wären Brigittes Wurzel in Energie umzuwandeln, dann würde bestimmt irgendein Zauberlehrling den Planeten in die Luft sprengen.

Die wesentliche Information, die ich für mich persönlich der Gleichung $E = mc^2$ entnehme, ist die Tatsache, dass Materie und Energie nahtlos ineinander umwandelbar, also äquivalent sind. Unter Berücksichtigung der Tatsache, dass noch kein Physiker bei noch so aufwendigen Versuchen das kleinste, feste Teilchen gefunden hat, und dass man in Cern nach dem "Gottesteilchen" sucht, vertrete ich die feste Auffassung, dass jede Form von Materie aus reiner Energie besteht. Und wenn ich sage Energie, dann meine ich ein unendlich großes Spektrum von psychischen Energien, die alle über individuelle Informationen verfügen.

Diese Auffassung sehe ich in dem Doppelspaltexperiment, das für mich eines der fesselndsten Experimente der Physik darstellt, absolut bestätigt. Hierdurch ist nämlich eindeutig erwiesen, dass Materie oder Energie, ganz so wie man es sehen möchte, niemals unabhängig von ihrem Umfeld existiert."

Geist steuert Materie

„Das Doppelspaltexperiment?", fragte Manfred. „Das sagt mir im Moment gar nichts. Wenn ich da jemals etwas von gehört haben sollte, dann habe ich das wohl in der Zwischenzeit erfolgreich verdrängt", grinste er. Was ist das für ein Experiment?"

„Stell dir vor", antwortete Ralf, „du sitzt in einem dunklen Raum, hast eine Taschenlampe in der Hand und leuchtest damit eine Wand an. Jetzt nimmst du ein Blatt Papier und schneidest etwa in der Mitte zwei kleine Schlitze hinein, etwa so dick wie ein Bleistift und vielleicht fünf Zentimeter lang, die parallel zueinander angeordnet sind. Dieses Blatt Papier mit den beiden schmalen, rechteckigen Ausschnitten hältst du jetzt vor das Licht deiner Taschenlampe und dann siehst du, wie die beiden Schlitze an der Wand abgebildet werden. Sie bilden zwei parallel laufende, helle Balken.

Mit diesem Versuchsaufbau gehen wir jetzt ins Physiklabor. Hier nehmen wir jetzt statt der Taschenlampe eine Präzisionslichtquelle, mit der wir einzelne Lichtteilchen, also Photonen, erzeugen können. Statt der Wand haben wir jetzt einen Detektorschirm und unser Blatt Papier wird jetzt durch eine Blende mit zwei Schlitzen ersetzt. Fertig ist der Versuchsaufbau und jetzt wollen wir sehen, was passiert:

Als erstes verschließen wir einen der beiden Schlitze und schalten die Lichtquelle ein. Auf dem Detektorschirm zeigt sich da, wo die Lichtteilchen auftreffen, ein Balken, der dem Spalt in unserer Blende entspricht. Prima, das haben wir erwartet. Das ist der gleiche Effekt, den wir mit der Taschenlampe auf der Wand auch hatten.

Jetzt öffnen wir den zweiten Spalt und schalten das Licht wieder ein. Auf dem Detektorschirm bilden sich nun nach und nach mehrere Balken von verschiedener Intensität ab, die mit den Spalten in der Blende überhaupt nicht mehr übereinstimmen. Die Verteilung der Lichtpunkte auf dem Detektorschirm entspricht nun einer Welle. Eigentlich wären doch zwei scharf umrissene Balken zu erwarten gewesen, genau wie beim ersten Versuch, nur eben mit zwei Balken. Irgendwie scheinen sich die einzelnen Lichtteilchen beim Durchgang durch die Spalte gegenseitig abgelenkt zu haben. Das wollen wir bei unserem nächsten Versuch ausschließen.

Wir wiederholen den Versuch, beide Spalte sind offen, aber jetzt schießen wir aus unserer Lichtquelle ein Photon nach dem anderen ab. Damit sollte es ausgeschlossen sein, dass die Lichtteilchen sich gegenseitig ablenken. Aber was passiert jetzt? Zu unserer Überraschung bildet sich wieder genau das gleiche Wellenmuster. Von scharf umrissenen Balken ist keine Spur zu sehen.

Das bedeutet", setzte Ralf seine Erklärungen fort, „dass jedes einzelne Photon durch beide Spalte gleichzeitig gegangen sein muss. Die Ausbildung der wellenförmigen Verteilung auf dem Detektorschirm ist nur so zu erklären, dass die Lichtteilchen sich gegenseitig beeinflussen, wenn sie die Spalte passiert haben. Das Licht hat also in diesem Versuch den Charakter einer Welle, die sich nach dem Passieren der Blende selbst überlagert und so Interferenzmuster bildet. Das ist genauso als wenn du an einem Teich stehst und zwei Kieselsteinchen gleichzeitig ins Wasser fallen lässt. Dann bilden sich auch zunächst kreisrunde Wellen aus, die sich beim Zusammentreffen überlagern. Das Wellenmuster was dann entsteht, ist ein ganz anderes.

In jedem Fall muss es also bei unserem letzten Versuch so gewesen sein, dass jedes einzelne Photon durch beide Spalte gleichzeitig gegangen ist. Das wollen wir jetzt aber genau wissen und installieren Messgeräte an den beiden Spalten. Auf diese Weise möchten wir feststellen, welches Photon, durch welchen Spalt geht. Wir schalten die Lichtquelle wieder ein. Zu unserer Überraschung bilden sich jetzt zwei scharf umrissene Balken auf dem Detektorschirm die genau zu den beiden Spalten passen."

„Wie kommt das denn jetzt?", fragte Manfred erstaunt. „Das ist das Faszinierende an diesem Experiment, das bestimmt schon tausend Mal überall auf der Welt durchgeführt wurde", sagte Ralf. „Und zwar immer mit gleichen Ergebnissen. Das Licht hat den Charakter einer Welle, aber in dem Moment wo die Photonen gemessen, also beobachtet werden, bricht die Wellennatur des Lichts sofort zusammen und dann hat es den Charakter von Materie. Dann verhält es sich so, wie wir es von ihm erwarten", grinste Ralf.

Manfred blickte erstaunt auf. „Bedeutet das, dass die Photonen merken, ob sie beobachtet werden oder nicht?" „Genau das", bestätigte Ralf. „Die Wellennatur des Lichtes bildet die Überlagerung von tausenden von Möglichkeiten. Und erst mit der Messung, also der Beobachtung, picken wir uns einen konkreten Zustand heraus. Damit haben wir einen bestimmten Zustand manifestiert und die Welle bricht zusammen."

„Das würde ja bedeuten", überlegte Manfred, „dass wir alleine durch unsere Beobachtung die Welt beeinflussen. Ein Photon ist allerdings ein winzig kleines, masseloses Teilchen und somit für mich keine Materie."

„Wenn dir ein Photon zu klein ist, dann kann ich dir auch richtige Materie bieten", sagte Ralf lächelnd. „Das gleiche Experiment ist auch unter Vakuum mit Fullerenen gemacht worden, und zwar mit Molekülen aus sechzig Kohlenstoffatomen. Auch diese massebehafteten Teilchen wiesen eine Wellennatur auf, die dann zusammenbrach, als sie beobachtet, also gemessen wurden. Das zeigt also nichts anderes, als dass sich Materie auch als Energie darstellen kann und umgekehrt. Die Energie bildet hierbei ein Meer voller Möglichkeiten. Und durch die Beobachtung picke ich mir eine dieser Möglichkeiten heraus und die Energie wird als Materie manifestiert.

Jede Messung ist eine Beobachtung. Materie ist manifestierte Energie. Wir alle bestehen aus Materie und gleichzeitig aus Energie. Alles steht in permanenter, energetischer Wechselwirkung miteinander. Erst in dem Moment, in dem wir selbst einen Zustand festlegen, also durch Messungen oder auch durch unsere Erwartungshaltungen, dann picken wir uns aus einem unendlichen Meer von Möglichkeiten eine einzige heraus, die dann als Materie manifestiert wird. Und weil wir alle gelernt haben, Materie zu sehen und wahrzunehmen, existiert die Welt, die uns umgibt, in der Form, wie wir sie mit unserem kollektiven Bewusstsein übereinstimmend geschaffen haben. Und mit jeder Beobachtung, mit jedem Gedanken und vor allen Dingen mit jedem Gefühl verändern wir die Welt", fügte Ralf nachdenklich hinzu. „Und die Gefühle entstehen in unserem Unterbewusstsein, und zwar durch unsere individuelle Wahrnehmung unserer Umwelt, die entsprechend unseren unbewussten Programmen erfolgt."

„Das würde ja bedeuten, dass jeder Mensch alles, was in seinem Leben passiert, unbewusst selbst herbeiführt", folgerte Manfred mit ungläubigem Blick. „Genauso ist es", stimmte Brigitte zu. „Und wie kann ich das aktiv beeinflussen?", wollte Manfred wissen. „Lass uns erst noch ein paar andere Phänomene des Lebens betrachten und dann sprechen wir ausführlich hierüber", schlug Ralf vor. Manfred nickte zustimmend.

Spukhafte Fernwirkung?

„Über ein ungeklärtes Phänomen der Natur sollten wir uns noch kurz unterhalten", fuhr Ralf fort. „Nämlich mit dem, was Albert Einstein als "Spukhafte Fernwirkung" bezeichnete.

Wenn man in einem System ein Paar von Photonen erzeugt und diese beiden Photonen in unterschiedliche Richtungen lenkt, dann driften diese ja mit Lichtgeschwindigkeit auseinander. Das Phänomen besteht darin, dass diese beiden Photonen im Zeitpunkt einer Messung immer genau die gleichen Eigenschaften aufweisen. Sie sind miteinander verschränkt. In dem Moment, wo eine bestimmte Eigenschaft bei einem der beiden Photonen gemessen wird, weist das andere genau die gleichen Messwerte auf.

Und jetzt haben wir ein Problem. Nach Einsteins Relativitätstheorie ist die höchste Geschwindigkeit, die erreicht werden kann, die Lichtgeschwindigkeit. Wenn sich aber doch die beiden Photonen mit Lichtgeschwindigkeit in gegensätzliche Richtungen bewegen, wie kann es dann sein, dass die Photonen zum Zeitpunkt einer Messung immer die gleichen Eigenschaften aufweisen? Immerhin entfernen sich die beiden Teilchen doch voneinander, und zwar jedes mit Lichtgeschwindigkeit. Demnach vergrößert sich die Distanz zwischen diesen beiden Photonen mit doppelter Lichtgeschwindigkeit.

Hierbei stellt sich die Frage, auf welche geheimnisvolle Weise die beiden Photonen miteinander verbunden sind. Eine wie auch immer geartete Kommunikation zwischen den beiden Teilchen dürfte auszuschließen sein, da diese mit Überlichtgeschwindigkeit erfolgen müsste. Dennoch sind die beiden Photonen auf eine geheimnisvolle Art miteinander verbunden.

Wenn allerdings eine Kommunikation zwischen den verschränkten Photonen auszuschließen ist, dann müssen diese Photonen auf einer übergeordneten Ebene miteinander verbunden sein, die für uns weder wahrnehmbar noch messbar ist. Dennoch muss eine solche Ebene existent sein, denn sonst würde die Verschränkung nicht funktionieren. Und das ist sie auch.

Diese übergeordnete Ebene, von der ich gerade spreche, hast du während deiner Hypnose im Zustand der Trance erfahren", wandte sich Ralf an Manfred. „Aber dazu kommen wir gleich noch, wenn wir über deine Hypnose sprechen. Lass uns erst einmal die Physik abhaken", schlug Ralf vor. Als Manfred zustimmend nickte, erzählte Ralf weiter:

„Mit einem Experiment haben Nikolas Gisin und seine Kollegen an der Universität Genf im Jahre 2008 nachgewiesen, dass die Geschwindigkeit, mit der die verschränkten Photonen ihre Informationen über ihre jeweiligen Eigenschaften austauschen, mindestens 10.000 mal schneller ist, als die Lichtgeschwindigkeit. Nach Abzug aller möglichen Messtoleranzen und Fehlerquellen wohlgemerkt. Wahrscheinlich sei die Geschwindigkeit aber noch wesentlich höher, möglicherweise auch unendlich, diskutieren die Forscher.

Jetzt stehen sie allerdings erst mal vor einem gewaltigen Rätsel, denn solche Geschwindigkeiten passen nicht zum Tempolimit, das Albert Einstein mit seiner Relativitätstheorie aufgestellt hat. Und das erlaubt eben nur 300.000 Kilometer pro Sekunde", grinste Ralf. „Aber, wie wir anfangs schon festgestellt haben: In der Physik zählt das Experiment. Und auch wenn man sie nicht erklären kann, so funktioniert die Verschränkung dennoch bestens. Das möchte man natürlich auch möglichst bald technisch nutzen.

„Internationale Forscherteams", fuhr Ralf fort, „liefern sich momentan einen Wettlauf, um die Informationsübertragung durch Teleportation von Photonen zu entwickeln. Im Jahre 2012 ist es hierbei dem Wiener Physikprofessor Anton Zeilinger mit seinem Team gelungen, Lichtteilchen mit Quanteninformationen über eine Strecke von einhundertdreiundvierzig Kilometern zu teleportieren. Vorher hatten chinesische Forscher noch die Nase vorn, mit einer Strecke von einhundert Kilometern."

„Hast du gesagt "teleportieren?", fragte Manfred. „Ja", antwortete Ralf, „ich habe gesagt "teleportieren". Mit "teleportieren" meine ich, bildlich gesprochen, das "Auflösen" eines Gegenstandes an einer Stelle und das Wiedererscheinen lassen dieses Gegenstandes an einer anderen Stelle, ganz so wie beim "Raumschiff Enterprise", fügte Ralf hinzu.

„Natürlich teleportiert Professor Zeilinger keine massebehaftete Materie, aber er verwendet den Effekt von Einsteins "Spukhafter Fernwirkung" um Quanteninformationen zu teleportieren. Dabei nutzt er eine übergeordnete Ebene auf der die Gesetze der Physik, so wie wir sie kennen, nicht gültig zu sein scheinen.

Wenn ich mir zusammenfassend alles anschaue, was wir heute über den Aufbau der Materie wissen, dann muss ich anerkennend sagen, dass die Forscher in den letzten einhundert Jahren grandiose Fortschritte gemacht haben. Und mit den heutigen Möglichkeiten der Datenverarbeitung und der Kommunikation werden Forschungsteams auf der ganzen Welt immer schneller zu noch detaillierteren und umfangreicheren Erkenntnissen kommen. Davon bin ich fest überzeugt.

Allerdings bin ich genauso davon überzeugt, dass es unendlich viele Zusammenhänge zwischen Materie und Energie gibt, die wir noch nicht kennen und dass es Millionen Mal mehr zu verstehen gibt, als das, was wir heute glauben verstanden zu haben. Insofern", fuhr Ralf fort, „kann ich mich der Sichtweise von Max Planck, die er in einem Vortrag mit folgenden Worten ausdrückte, nur vollkommen anschließen.

Zitat: "Meine Herren, als Physiker, der sein ganzes Leben der nüchternen Wissenschaft, der Erforschung der Materie widmete, bin ich sicher von dem Verdacht frei, für einen Schwarmgeist gehalten zu werden.

Und so sage ich nach meinen Erforschungen des Atoms dieses: Es gibt keine Materie an sich.

Alle Materie entsteht und besteht nur durch eine Kraft, welche die Atomteilchen in Schwingung bringt und sie zum winzigsten Sonnensystem des Alls zusammenhält. Da es im ganzen Weltall aber weder eine intelligente Kraft noch eine ewige Kraft gibt - es ist der Menschheit nicht gelungen, das heißersehnte Perpetuum mobile zu erfinden - so müssen wir hinter dieser Kraft einen bewussten, intelligenten Geist annehmen. Dieser Geist ist der Urgrund aller Materie. Nicht die sichtbare, aber vergängliche Materie ist das Reale, Wahre, Wirkliche - denn die Materie bestünde ohne den Geist überhaupt nicht - sondern der unsichtbare, unsterbliche Geist ist das Wahre! Da es aber Geist an sich ebenfalls nicht geben kann, sondern jeder Geist einem Wesen zugehört, müssen wir zwingend Geistwesen annehmen. Da aber auch Geistwesen nicht aus sich selber sein können, sondern geschaffen werden müssen, so scheue ich mich nicht, diesen geheimnisvollen Schöpfer ebenso zu benennen, wie ihn alle Kulturvölker der Erde früherer Jahrtausende genannt haben: Gott! Damit kommt der Physiker, der sich mit der Materie zu befassen hat, vom Reiche des Stoffes in das Reich des Geistes. Und damit ist unsere Aufgabe zu Ende, und wir müssen unser Forschen weitergeben in die Hände der Philosophie."   *Max Planck*

Bereit für neue Erkenntnisse?

Inzwischen war es schon kurz vor 14:00 Uhr geworden. Brigitte war zwischendurch in die Küche gegangen und hatte eine Platte mit belegten Brötchen vorbereitet und frischen Kaffee gekocht. Schließlich waren ihre Sichtweise der Dinge und die von Ralf vollkommen identisch, genauso wie die Arbeitsweise. So hatte sie die Zeit genutzt, um für das leibliche Wohl zu sorgen.

Als sie hereinkam, saß Manfred noch ziemlich nachdenklich in seinem Sessel. Er bemerkte sie erst, als sie begann, den Tisch neu einzudecken. „Und?", fragte sie Manfred mitfühlend, „war das ein bisschen viel auf einmal?"

„Das nicht", antwortete Manfred nachdenklich. „Das Thema Physik kenne ich ja auch ganz gut, aber die Sichtweise gibt mir zu denken. Als Bauphysiker wende ich die Gesetzmäßigkeiten der Physik ja jeden Tag an, aber mit Grundüberlegungen zum Aufbau der Materie habe ich mich seit dem Studium nicht mehr beschäftigt. Und das ist zwanzig Jahre her. Und so entwickelte ich die Sicherheit, auf Basis einer ganz exakten Wissenschaft zu arbeiten. Da kam ich nicht im Traum auf die Idee, die Grundlagen zu hinterfragen. Und wenn ihr mir am Anfang unseres Gespräches gesagt hättet, dass Materie Energie sei und dann zu meinen Fragen übergegangen wäret, dann hätte ich das wahrscheinlich nicht einmal bemerkt."

„Wir haben diesen Exkurs in die Welt der Physik nur deshalb gemacht", sagte Ralf, „damit wir auf solider, wissenschaftlicher Basis aufzeigen konnten, wie wenig wir wirklich über unsere Welt, in der wir leben, wissen. Wir wissen nicht, wie ein Atom aufgebaut ist und woraus alles, was wir sehen und anfassen können, also alles, was existent ist, im Grunde besteht. Aber wir haben herausgefunden, dass sich Materieteilchen wenn sie beobachtet werden, vollkommen anders verhalten, als wenn sie unbeobachtet sind. Und schließlich wissen wir, dass Materie sich in Energie umwandeln lässt und umgekehrt. Auf der Suche nach dem kleinsten Teilchen finden die Physiker nichts anderes, als reine Energie.

Du hattest die Frage gestellt, Manfred, was das für eine universale Energie ist, mit der wir uns bei unseren Behandlungen verbinden. Du hast während deiner Hypnose Erfahrungen gemacht, die du vorher nie für möglich gehalten hättest. Wenn Brigitte oder ich dir diese Frage nach der Energie aus dem Handgelenk beantwortet hätten, dann hättest du wahrscheinlich spätestens nach fünf Minuten abgeschaltet. Weil du ja ein höflicher Mensch bist, hättest du uns zwar zugehört, aber mit deinen Gedanken wärest du vermutlich abgeschweift. Damit spreche ich dich jetzt nicht persönlich an, sondern stellvertretend für jeden Menschen, der zum ersten Mal etwas über diese Energie erfährt.

Was wir dir gleich erklären werden, beruht auf den Erfahrungen, die wir selbst mit der Energiearbeit während der letzten fünfzehn Jahre gemacht haben. Das würde für dich jedoch so absurd klingen, dass du gar nicht in der Lage wärest es aufzunehmen, wenn wir nicht vorher auf rein naturwissenschaftlicher Basis ein bisschen an deinem Weltbild gerüttelt hätten. Der Grund dafür ist denkbar einfach: Wenn wir Menschen einmal etwas gelernt haben und es so verinnerlicht haben, dass es eine unbewusste Überzeugung geworden ist, dann lassen wir nichts anderes mehr gelten, was dieser Überzeugung entgegensteht. Das ist ganz natürlich."

„Es ist viel schwieriger, etwas Gelerntes und Erfahrenes in Frage zu stellen als irgendetwas neu zu erlernen", warf Brigitte ein. Wir lernen von der Kindheit an bis ins hohe Alter. Dabei geht allerdings die Bereitschaft, Neues zu erlernen oder umzudenken, mit steigendem Alter immer mehr zurück. Ein Kind lernt bis zum sechsten Lebensjahr mit unglaublicher Geschwindigkeit. Dabei nimmt es alles Erlernte vollkommen unbefangen in sich auf. Mit dem Ende der Pubertät hat es dann bereits so viele Erfahrungen gesammelt, dass das Gehirn bei einer neuen Wahrnehmung automatisch entscheidet, ob es etwas Neues lernen muss, oder ob die Wahrnehmung ignoriert wird. Und ein Mensch im mittleren oder im hohen Alter hat natürlich noch mehr Erfahrungen gesammelt, die in Form von unbewussten Programmen abgespeichert sind. Und die verteidigt er dann mit Zähnen und Klauen.

Wir sind in einer Gesellschaft aufgewachsen, die äußerst leistungsorientiert ist und sich rasend schnell entwickelt. Das ganze Weltbild eines Menschen entsteht durch die Umgebung in der er aufwächst. Dieses Weltbild ist geprägt durch seine Überzeugungen, die er während seines Lebens gewonnen hat."

Brigitte grinste verschmitzt. „Und da eben nicht alle Menschen über Vorerfahrungen mit Rückführungen, Geistwesen oder Energiearbeit verfügen, bemühen wir uns immer die Erfahrungen, die wir mit diesen Dingen gemacht haben, möglichst nachvollziehbar zu erklären. Dabei ist es uns ganz wichtig, die Erfahrungen, die wir bei unserer Tätigkeit gemacht haben und die Erkenntnisse, die wir hieraus gewonnen haben, den Leuten, die sich hierfür interessieren, anzubieten, wie auf einem Tablett. So, dass sich jeder genau das von diesem Tablett herunternehmen kann, was er für sich annehmen möchte. Den Rest kann er einfach liegen lassen."

Manfred hatte ganz gespannt zugehört. „Ja", bemerkte er. „Wenn ihr mir noch vor zwei Monaten erklärt hättet, dass Rückführungen in frühere Leben Realität wären, dann hätte ich euch nach den Geist gefragt. So etwas, was ich in der Hypnose erlebt habe, war außerhalb von allem, was ich mir je hätte vorstellen können. Aber heute bin ich absolut davon überzeugt, dass es Rückfrührungen in frühere Leben gibt. Schließlich habe ich ja selber eine erlebt. Und die Wirkung, die ich damit erzielt habe, hat mein ganzes Le-

ben und auch meinen Gesundheitszustand absolut verbessert."

Die unbewusste Dimension

„Schön", freute sich Ralf, dann können wir uns ja auf die Suche nach der universalen Energie machen. Dazu gehen wir am besten noch einmal zurück zu Einsteins "Spukhafter Fernwirkung", also der geheimnisvollen Verbindung zweier Photonen."

Ralf nahm sich zwei halbe Käsebrötchen von der Platte. Brigitte und Manfred hatten während des ganzen Gespräches bereits gegessen, während er erzählt hatte.

„Das", erklärte Ralf, indem er die beiden Brötchenhälften aufeinanderlegte, „ist ein Quantensystem." Dabei hielt er das nun komplette Brötchen demonstrativ hoch. „In dem Moment, in dem ich es jetzt wieder teile, entstehen meine beiden Photonen, die miteinander verschränkt sind, weil sie ja aus einem System stammen."

Er klappte die Brötchenhälften auseinander und hielt mit der linken Hand ein halbes Käsebrötchen in Richtung des mittleren Fensters auf der Straßenseite. Mit der rechten Hand hielt er das andere halbe Käsebrötchen in Richtung des gegenüberliegenden Fensters zur Hofseite des Gebäudes.

„Dieses Photon hier nenne ich jetzt Petra". Mit diesen Worten wackelte Ralf mit seinem linken Arm und schaute das halbe Käsebrötchen an. Dann schaute er nach rechts. „Und dieses Photon hier nenne ich Peter. Petra und Peter sind so etwas wie Zwillinge, weil sie aus einem System stammen. Wenn ich von Petra jetzt ein Stück abbeißen würde, dann würde auch Peter genau das gleiche Stück fehlen. Wenn ich Peter jetzt grün anmalen würde, dann wäre auch Petra im selben Moment grün. Diese beiden Photonen weisen also immer die gleichen Eigenschaften auf, weil sie ja miteinander verschränkt sind.

Wenn sich das Ganze jetzt in Zeitlupe abspielen würde, dann könnte ich ja von Petra eine Ecke abbeißen und daraufhin könnte Petra zu Peter herüberwinken und sagen, "Huhu, guck mal, die Ecke muss weg". Dann würde Peter die identisch gleiche Ecke auch entfernen und vielleicht noch freudestrahlend herüberrufen: "Hallo Petra, wir sind wieder gleich!" Das Ganze hat allerdings den kleinen Haken, dass ich Petra und Peter nicht wirklich in den Händen halten kann. In dem Moment, in dem ich das Brötchen aufklappe, fliegt Petra nämlich mit Lichtgeschwindigkeit nach Westen und Peter nach Osten. Und was die beiden auch anstellen, sie haben zu jedem Zeitpunkt die gleichen Eigenschaften, auch wenn sie Lichtjahre voneinander entfernt sind.

Nur, wie machen die das? Petra und Peter fliegen ja beide mit Lichtgeschwindigkeit in entgegengesetzte Richtungen. Das heißt, der Abstand zwischen unserem Zwillingspärchen vergrößert sich mit doppelter Lichtgeschwindigkeit. Das wäre an sich noch nicht das Problem, aber Einstein sagt, dass die einfache Lichtgeschwindigkeit die höchste Geschwindigkeit ist, die jemals erreicht werden kann. Eine Kommunikation zwischen den beiden fällt also aus.

Jetzt kommt Professor Gisin um die Ecke und stellt im Experiment fest, dass Petra und Peter sehr wohl miteinander kommunizieren könnten, wenn sie wollten, denn die Geschwindigkeit mit der die beiden Informationen austauschen könnten, wäre mindestens zehntausend mal höher als die Lichtgeschwindigkeit. Jetzt stehen alle vor einem Rätsel. Ob und wann dieses Rätsel jemals mit den Gesetzen der Physik zu lösen sein wird, weiß ich nicht.

Eines kann ich allerdings mit Bestimmtheit sagen", fuhr Ralf fort, „nämlich, dass ein Hypnotisand, der sich in einer hypnotischen Tieftrance befindet, ein ganz anderes Wahrnehmungsvermögen hat, als jemand, der sich, so wie wir jetzt, im Wachbewusstsein befindet. Und wenn ich meinen Hypnotisanden in diesem Zustand der Tieftrance frage, ob alle Menschen energetisch miteinander verbunden sind, dann kommt blitzartig ein erstauntes "na klar" oder etwas Ähnliches. Die Antwort auf diese Frage kommt meist mit einem verständnislosen Gelächter, ganz so, als sei das Unterbewusstsein erstaunt über diese Frage. Das Unterbewusstsein kann natürlich nicht wirklich erstaunt sein, aber meist ist es so, dass Antworten auf Fragen, die für das Unterbewusstsein vollkommen banal erscheinen, von einem spontanen Gelächter begleitet werden", stellte Ralf fest.

„Du hast diese Frage in deiner Hypnose auch mit einem schallenden Gelächter beantwortet, Manfred, erinnerst du dich daran?", fragte Brigitte. „Ja", stellte Manfred überrascht fest. „Als du diese Frage gestellt hast, musste ich bei der Antwort wirklich lachen. Das war irgendwie so klar und so selbstverständlich, dass ich wohl verwundert war, dass jemand nach so etwas fragen konnte, das so selbstverständlich war."

„Wenn sich ein Hypnotisand in einer Tieftrance befindet", erklärte Ralf, „dann kann man ihn auch ruhig fragen, ob alles energetisch miteinander verbunden ist, also wirklich alles und nicht nur die Menschen. Und auch auf diese Frage hat bis jetzt noch jede Hypnotisandin und jeder Hypnotisand mit einem klaren "Ja" geantwortet, meist unter prustendem Lachen.

Und wenn ich jetzt wieder auf unsere beiden verschränkten Photonen hier zurückkomme", Ralf wackelte mit den beiden halben Brötchen, „dann sind nicht nur diese beiden miteinander verschränkt, sondern energetisch sind die beiden zusätzlich mit allem verbunden, was existent ist. Und das ist auch logisch", ergänzte Ralf. „Denn das ganze Universum ist mit dem Big Bang aus einem einzigen System entstanden. Alles ist demnach energetisch miteinander verbunden. Im Zustand der Tieftrance nehmen wir diese Verbindung wahr und können Fragen danach beantworten. Aber es gibt auch noch eine Fülle von anderen Erkenntnissen hierzu, die wir dir im Anschluss gerne vorstellen werden, Manfred.

Aber jetzt sollten wir uns aus Sicht des sich in Tieftrance befindlichen Hypnotisanden dem Problem der Geschwindigkeit des Informationsaustausches zwischen unseren beiden Brötchenhälften zuwenden. Diesen Informationsaustausch gibt es aus dessen Sicht nämlich gar nicht, womit die Relativitätstheorie gerettet wäre.

Ich habe nämlich Brigitte, während sie in Tieftrance war, schon mehrfach gefragt, ob es in der übergeordneten Dimension überhaupt eine Zeit gibt. Und natürlich auch, ob es dort die Dimension des Raumes gibt. Die Antwort, die mir Brigitte, um präziser zu sein, Brigittes Geistführer, jedes Mal gegeben hat, war ein klares "Nein". Diese Antwort kam stets mit veränderter Stimme und unter prustendem Lachen von Brigitte.

Auf meine Frage, welche Maßeinheiten es denn in dieser Dimension gäbe, kam die fast mitleidige Antwort: „Ihr Menschen denkt immer nur in Skalen. Hier gibt es nur Sein."

„Wenn es aber in dieser Dimension, in der für meine Begriffe auch die Verschränkung von Photonen begründet sein dürfte, keinen Raum und keine Zeit gibt, dann kann es dort auch keine Geschwindigkeit geben. Demnach sind in dieser, übergeordneten Dimension der Verschränkung die beiden Photonen gar nicht getrennt. Wir nehmen sie nur in unserer Dimension als getrennt und verschränkt wahr. Und diese Eigenschaft des aus unserer Sicht realen Getrennt- und Verschränkt Seins unserer Photonen möchten wir zur Informationsübertragung nutzen, was Forschern wie Professor Zeilinger und Professor Gisin auch bestimmt eines Tages gelingen dürfte. Diese scheinbare, in unserer Dimension jedoch reale Verschränkung ist in einer übergeordneten Wirklichkeit nicht vorhanden, da es dort keine räumliche Trennung geben kann.

Auf dieser übergeordneten Ebene des Seins ist alles miteinander verbunden. In dieser Dimension ist "immer Hier" und "immer Jetzt". Hier ist alles "Eins" und dennoch jede einzelne Bewusstseinsenergie individuell.

Deshalb führe ich jetzt die in unserer wahrnehmbaren Realität scheinbar getrennten Photonen Petra und Peter wieder zusammen und stelle ihre physische Einheit mit mir her", grinste Ralf. Mit diesen Worten legte er die beiden halben Käsebrötchen wieder aufeinander und biss herzhaft in das Brötchen hinein.

Die bedingungslose Liebe

Manfred hatte interessiert zugehört. Er überlegte: „Du meinst also, dass die beiden Photonen, die in unserer Welt voneinander getrennt sind, in einer übergeordneten Welt noch zusammen sind?", fragte er Ralf. „Und dass die Tatsache, dass Petra und Peter immer identisch gleich sind, nur darauf zurückzuführen ist, dass sie in einer andern Realität gar nicht getrennt sind?", fügte er hinzu.

„Ja, genau das meine ich", stimmte Ralf zu. „Hierbei würde ich aber nicht von einer anderen Realität sprechen. Diese "übergeordnete Realität" ist auch unsere Realität, nur, dass wir sie mit unseren bewussten Sinnen nicht wahrnehmen können. Aber die Tatsache, dass wir diese Ebene unserer Realität nicht bewusst wahrnehmen können, bedeutet ja keineswegs, dass sie nicht vorhanden ist." Ralf machte eine gleitende Bewegung mit seiner Hand. „In diesem Raum gibt es tausende von Funkwellen. Die können wir auch bewusst nicht wahrnehmen, aber wir wissen, dass sie da sind. Und wenn wir das Radio einschalten, dann haben wir den Beweis.

Unser Unterbewusstsein ist so etwas wie unser "inneres Radio". Es ist auf einer immateriellen Ebene mit allem verbunden, was existiert. Jeder von uns ist von einem Energiefeld umgeben, das wir als "Aura" bezeichnen. Hierüber senden und empfangen wir pausenlos psychische Energie, die aus unserem Unterbewusstsein kommt, beziehungsweise von diesem aufgenommen wird. Natürlich passiert das alles, ohne dass wir das Geringste davon merken, unbewusst eben.

Wenn wir also mehr über unser Leben und unser gesamtes Sein erfahren oder etwas grundlegend ändern wollen, dann müssen wir in irgendeiner Weise Kontakt mit unserem Unterbewusstsein aufnehmen. Das machen Schamanen und Geistheiler in aller Welt auf die verschiedensten Weisen. Entweder tanzen oder trommeln sie sich in Trance oder sie nehmen bewusstseinserweiternde Drogen zu sich, meist ein Gebräu aus Pflanzensäften. Buddhistische Mönche meditieren jahrelang und medial veranlagte Menschen empfangen ihre Botschaften. Und wir setzen hierzu eben die Energiearbeit in Verbindung mit Hypnose ein", fügte Ralf hinzu.

„Und was sind das für psychische Energien, die von der Aura aufgenommen und abgegeben werden?", fragte Manfred. „Das können alle möglichen Energien sein", antwortete Brigitte. „Du nimmst die Energien deiner Umwelt mit deiner Aura auf. Dein Unterbewusstsein nimmt diese Energien dann entsprechend seiner unbewussten Programme wahr und sendet "Antwortenergien" zurück. Ich gebe dir einmal ein Beispiel:

Stell dir vor, du hast einen guten Freund, der in New York lebt. Ihr habt euch jahrelang nicht gesehen.

Dieser Freund entschließt sich, dich anzurufen, weil er mal hören möchte, wie es dir geht. In dem Moment wo er den Entschluss fasst, zum Hörer zu greifen, sendet er über seine Aura Wellen psychischer Energien aus, die du über deine Aura aufnimmst. Wenn du zu diesem Zeitpunkt nicht gerade in einer Stresssituation bist, dann kommt dir sofort der Gedanke an deinen Freund. Und schon klingelt das Telefon. Du nimmst den Hörer ab und sagst erstaunt: "Was für ein Zufall, ich habe gerade an dich gedacht".

Es findet also unabhängig von einer verbalen Kommunikation ein ständiger Austausch und eine Überlagerung von Energiewellen in deiner Aura statt." „Und diese universale Energie, mit der ihr euch verbindet, ist die auch in der Aura?", fragte Manfred. „Ja", antwortete Brigitte, „die ist auch in der Aura. Diese Energie ist allgegenwärtig vorhanden und in jedermanns Aura. Wenn wir sagen, dass wir uns mit dieser Energie verbinden, dann werden wir uns dessen bewusst, dass wir Teil dieser Energie sind. Wir treten dann mit dieser Energie in Resonanz und nehmen sie sehr bewusst wahr. Wir lassen uns dann intuitiv von dieser Energie leiten.

Diese Energie, der bedingungslosen, allumfassenden Liebe erfahren viele unserer Hypnotisanden selbst im Zustand der Tieftrance. Es kommt zum Beispiel ziemlich häufig vor, dass jemand in einer Rückführung den eigenen Tod durchlebt. Das war ja bei deiner Rückführung nicht der Fall", grinste Brigitte Manfred an, „aber ich hätte es dir gegönnt, Manfred."

Manfred schaute sie entsetzt an. „Nein, ich hätte es dir wirklich von Herzen gegönnt", beantwortete Brigitte Manfreds unausgesprochene Frage. „Jeder, wirklich absolut jeder, der während einer Hypnose seinen eigenen Tod in einem früheren Leben durchlebt hat, nimmt dann, wenn der physische Tod eingetreten ist, ein helles und unendlich liebevolles Licht wahr, das ihn vollständig aufnimmt. In einem solchen Moment lassen wir die Leute diese unglaubliche Liebe, von der sie in diesem Moment vollkommen aufgesogen und durchströmt werden, einige Minuten genießen. Es ist stets ein rührender und unglaublich beglückender Moment, in solch vollkommen glückliche Gesichter zu sehen. Die Hypnotisanden sind in diesem Moment alle so ergriffen, dass ihnen die Tränen laufen."

Manfred war von Brigittes Schilderungen sehr beeindruckt. Als Brigitte ihm wohlwollend erklärt hatte, sie hätte ihm von Herzen gegönnt, während seiner Hypnose seinen eigenen Tod in einem früheren Leben zu durchleben, war er zunächst leicht geschockt gewesen. Aber die anschließende Beschreibung der Vorgänge, die dabei während einer Hypnose ablaufen, hatte ihn wirklich sehr beeindruckt. Aber zur Sicherheit fragte er noch einmal nach.

„War das wirklich bei jeder Hypnose so, in der der Hypnotisand durch seinen eigenen Tod ging?", fragte er. „Ja", antwortete Brigitte, „bei jeder einzelnen." Ralf nickte zustimmend. „Bei mir war das auch so, bei wirklich jeder Hypnose, in welcher der Tod erlebt wurde. Das heißt aber nicht", erklärte er weiter, „dass dies die einzige Art ist, wie man die bedingungslose Liebe für sich erfahren kann. Kein Mensch muss sterben, um diese Erfahrung zu machen. Es gibt sicherlich eine Vielzahl von Menschen, die durch Meditationen, Energiearbeit oder auf eine andere Weise ähnliche Erfahrungen gemacht haben und jederzeit wieder machen können. Nur ist das Erleben dieser bedingungslos liebenden Energie während einer Hypnose besonders intensiv. Die Voraussetzung hierfür ist natürlich, dass eine sehr tiefe Trance erreicht wird."

Ralf schaute Brigitte an: „Erinnerst du dich noch an die alte Dame, damals an der Eickesmühle?" „Ja genau", lachte Brigitte, „erzähl das ruhig mal." „Wir hatten damals eine ältere Dame zu einem Gespräch zu Gast, und zwar in unseren ehemaligen Geschäftsräumen. Sie wollte gerne mehr über die Themen Tod, Sterben und Trauer wissen. Dann haben wir ihr das Gleiche erzählt, was wir dir jetzt erzählt haben.

Die Dame war ganz wild darauf, dieses Gefühl des Geliebtwerdens und des Angenommenseins durch das Licht für sich zu erfahren. Dann habe ich sie hypnotisiert. Weil sie aber so aufgeregt und neugierig war, lag sie während der Hypnose förmlich auf der Lauer, um zu sehen, was als nächstes passiert. Dabei war es natürlich nicht möglich, die Dame in Trance zu versetzen und ich habe die Hypnose aufgelöst. Die Dame war natürlich sehr enttäuscht. Als ich ihr erklärt hatte, warum es nach meiner Ansicht nicht geklappt hatte, wollte sie es nochmal versuchen.

Wir haben dann noch einen Kaffee getrunken und anschließend die Hypnose wiederholt. Es hat eine Ewigkeit gedauert, bis sie in einen knappen, mittleren Trancezustand ging. Dieser reichte natürlich bei Weitem nicht aus. Ich bin dann trotzdem mit ihr auf die Wendeltreppe gegangen, die du ja von deiner Hypnose auch kennst, Manfred. Dann sind wir gelaufen, Runde um Runde. Wir liefen die Treppe hinunter und wieder hinauf. Der Trancezustand veränderte sich nur marginal. Zwischendurch haben wir mehrfach gestoppt und auf meine Frage, wo sie jetzt sei, hatte sie jedes Mal geantwortet: "Auf der Treppe".

Dann sind wir wieder losgelaufen. Wir liefen die Treppe hinunter, Runde für Runde, immer weiter und weiter. Mit jedem Schritt sollte sie tiefer in die Trance gleiten. Gemessen an den knappen Zeiten, die während einer Hypnose zur Verfügung stehen, hatte die Vertiefung schon Ewigkeiten gedauert.

Doch urplötzlich fingen ihre Augen an zu rollen und ich sagte: "Stopp".

Dann fragte ich sie: „Wo bist du?"

„Auf der Treppe."

„Was siehst du?"

„Da ist ein Licht", kam zögerlich die Antwort.

„Was macht das Licht?", fragte ich. Sie antwortete:

„Es kommt auf mich zu!"

Dann habe ich sie nur noch beobachtet. Sekunden später öffnete sie ihre Augen und blickte mit starrem Augenausdruck zur Decke. Mit einer Handbewegung über ihren Augen habe ich dann geprüft, ob sie reagierte, aber sie zeigte keinerlei Lidschlussreflex oder Pupillenreaktion. Ihr ganzes Gesicht war vollkommen glatt, wie bei einer Wachsfigur.

Ich fragte: „Wo bist du?"

„Im Licht", kam nach einiger Zeit die Antwort. Es war nicht mehr die Stimme der Dame, mit der die Antwort gegeben wurde, sondern eher die Stimme eines kleinen Kindes. Das ist übrigens bei sehr tiefen Trancen häufig so der Fall", erklärte Ralf. Dann fuhr er mit seiner Erzählung fort.

„Dann habe ich sie nur noch gefragt: „Ist es schön in dem Licht?"

„Ja", kam die Antwort. Es war eine gehauchte Antwort, wieder mit der Stimme des kleinen Kindes. Kaum hatte die Dame das ausgesprochen, liefen ihr die Tränen aus den geöffneten Augen. Ich ließ sie dieses Gefühl genießen und verhielt mich ganz ruhig. Kurz bevor die drei Minuten abgelaufen wären, nach denen sie sofort aus der Hypnose erwachen sollte, wenn sie meine Stimme für mehr als drei Minuten nicht mehr gehört hätte, sprach ich sie nochmal an:

"Genieße". Die Dame war in ihrer Hypnose sichtbar vollkommen glücklich.

Als es dann Zeit wurde, die Hypnose aufzulösen, stellte sich dies als richtig mühsam heraus:

"Jetzt gehen wir zurück auf die Treppe". Es regte sich nichts. Dann wiederholte ich die Aufforderung, diesmal etwas bestimmter.

Dann kam die Antwort: "Nein"!

„Warum gehst du nicht auf die Treppe?"

„Es ist so schön hier im Licht."

„Ist das Licht nur da, wo du jetzt bist?"

„Nein", kam die Antwort.

„Wo ist das Licht denn sonst noch?"

„Überall."

„Und wenn das Licht überall ist, dann ist es doch auch in dir, oder?"

„Ja", kam die Antwort des kleinen Kindes, diesmal glücklich und sehr gedehnt.

„Wenn das Licht in dir ist, dann kannst du jetzt auch auf die Treppe gehen, oder?"

„Ja", antwortete das Kind in der alten Dame.

„Dann gehen wir jetzt zurück auf die Treppe. Bist du auf der Treppe?"

„Ja", kam die Antwort.

„Gut", sagte ich. Dann gehen wir jetzt zur Stufe des heutigen Tages und sage mir bitte, wenn du auf dieser Stufe angekommen bist."

Ich wollte die Ausleitung so behutsam wie möglich machen. Deshalb wartete ich eine kleine Weile und ließ ihr Zeit. Dann fragte ich:

„Hast du dein Licht dabei?" Sofort und voller Empörung sprach das kleine Kind aus der alten Dame:

„Ich bin das Licht!"

Nachdem die Hypnose aufgelöst war, begann die ältere Dame furchtbar zu weinen. Sie war vollkommen glücklich und von einer riesigen Last befreit.

Diese Energie der bedingungslosen Liebe ist in Allem und Jedem auf der Welt. Das ist die allumfassende, göttliche Liebe, welche die ganze Welt durchströmt und zusammenhält. Durch diese Liebe wird jedes Atom auf seinem Platz gehalten."

Die Frage nach dem Sinn des Lebens

Nachdem Ralf geendet hatte, war es eine ganze Weile sehr still in dem Raum. Manfred war ergriffen von den Schilderungen, die er über die Energie der bedingungslosen Liebe gehört hatte und nun ließ er die Worte nachwirken. Nach einer langen Pause begann er bedächtig zu sprechen:

„Wenn doch alles, jedes einzelne Atom, vollkommen von dieser bedingungslosen Liebe erfüllt ist, dann müssten wir doch alle zu jedem Zeitpunkt unseres Lebens mit einem seligen Lächeln durch die Gegend laufen. Dann dürfte es keine Kriege geben und auch keinerlei andere Form von Gewalt."

„Da hast du vollkommen Recht", stimmte Brigitte ihm zu. „Aber wenn dieses Licht der Liebe in jedem Menschen ist, und das ist es, dann heißt das doch noch lange nicht, dass jeder Mensch das auch bemerkt. Die alte Dame konnte das Licht der Liebe ja auch erst in der Hypnose fühlen, und zwar aus ihrem Unterbewusstsein heraus im Zustand der Tieftrance. In diesem Zustand sind wir allerdings höchst selten und die allermeisten Menschen auf der Welt haben diesen veränderten Bewusstseinszustand noch nie erlebt. Also haben sie auch nicht die tiefgreifenden, persönlichen Erfahrungen machen können, die hiermit verbunden sind. Denk mal an deine Erfahrungen aus deinem früheren Leben, die du in deiner Hypnose gemacht hast.

Wir nehmen die Welt um uns herum ja ganz bewusst wahr, natürlich unbemerkt beeinflusst von unseren unbewussten Programmen. Hierdurch erscheint uns die materielle Welt, die uns umgibt und in der wir leben als vollkommen real. Da die meisten Menschen in der Regel keine darüber hinausgehenden Erfahrungen gemacht haben, ist für sie auch ein weit komplexeres Weltbild meist sehr schwer vorstellbar. Sie leben ihr Leben mit allen Höhen und Tiefen. Erst wenn sie in eine schwere Lebenskrise geraten, beginnen sie sich mit dem Sinn ihres Lebens zu beschäftigen und weitergehende Fragen zu stellen. So wie Ralf damals", fügte sie hinzu.

„Und was glaubt ihr, was der Sinn des Lebens ist?", fragte Manfred. „Wir leben, um die Erfahrungen machen zu können, die wir machen möchten", erklärte Brigitte spontan." Manfred hatte drei Fragezeichen auf der Stirn stehen. „Ist schon gut", lachte Brigitte, „dann erkläre ich dir unsere Sicht über den Sinn des Lebens etwas ausführlicher.

Aus Hypnosen, aus Meditationen und auch durch die Beschäftigung mit Todesnähe – Erlebnissen, wissen wir, dass die Welt, in der wir leben, eine perfekte Illusion ist. In dieser perfekten Illusion sind Materie, Raum und Zeit unsere Realität. Das Ganze ist eine optimale Spielwiese, um aktive Schöpfung zu betreiben", lächelte Brigitte. Dann sprach sie weiter:

„Wir kommen in der Tieftrance auch in den Zustand von Zwischenleben, also "Leben zwischen zwei Leben", wenn du so willst. Ein unbeschreiblich schönes Gefühl ist das - wunderschön, mit Worten nicht zu beschreiben. Es ist, als wäre man Teil eines lichtdurchfluteten Nebels. So ist es nicht, aber mit dieser Beschreibung komme ich diesem Zustand noch am nächsten, denn der wirkliche Zustand ist mit Worten definitiv nicht zu beschreiben. Hier ist alles erfüllt von Licht und Liebe. Es ist ein Gefühl von vollkommener Ganzheit. Hier gibt es nur "Sein". Raum und Zeit gibt es hier nicht." Brigitte strahlte regelrecht. „Das ist die geistige Ebene, mit der jeder Mensch über sein Unterbewusstsein immer verbunden ist", schwärmte sie weiter. „Hier verfügst du über immense Erfahrungen und ein allumfassendes Wissen.

Aber eines kannst du hier nicht machen, nämlich neue Erfahrungen. Wenn du dich aber aktiv an der Schöpfung beteiligen möchtest, dann musst du voller Kreativität neue Erfahrungen machen. Und wenn du neue Erfahrungen machen möchtest, dann musst du wieder in ein Leben gehen, so wie wir es kennen. Neue Erfahrungen kannst du nämlich nur aus deinem Bewusstsein heraus machen, denn nur dein Bewusstsein ist kreativ. Dein Unterbewusstsein verwaltet nur. Welche Erfahrungen du dabei machen möchtest, das entscheidest nur du selbst. Jeder Mensch, besser gesagt, jede individuelle Bewusstseinsenergie hat den freien Willen, genau das zu machen, was sie machen möchte. Und dieser freie Wille ist absolut zu respektieren.

Du, Manfred, hattest dir wahrscheinlich in der Phase vor deinem jetzigen Leben vorgenommen, die Eifersucht zu besiegen, die du aus deinem Vorleben ja schon kanntest. Deshalb bist du mit den belastenden Erfahrungen aus deinem Vorleben in dein jetziges Leben gekommen, und zwar mit aktiven, unbewussten Programmen. So etwas nennt man übrigens auch "Karma". Mit deinem freien Willen hast du dir aktiv einen Weg gesucht, die Erfahrung "Eifersucht loslassen" zu machen. Mit deinem eigenen, freien Willen kannst du jederzeit die Handlungen ausführen, die dann wieder zu den Erfahrungen führen, die du machen möchtest. Und das Schöne daran ist, dass du zehnmal am Tag deine Ziele ändern kannst, wenn dir danach ist.

Manche Leute wollen so die Erfahrung von Gesundheit und Reichtum machen. Viele möchten auch die Erfahrung einer schweren Erkrankung, Leid und Schmerz oder auch Krieg machen. Wir sind in dieses Leben gekommen, um genau die Erfahrungen zu machen, die wir machen möchten. Jeder für sich und nach eigenem, freien Willen. Und das Schöne dabei ist, jeder kann sich zu jedem Zeitpunkt anders entscheiden und ein neues Ziel verfolgen.

Dass alles, was ich dir gerade erklärt habe ziemlich zutreffend ist, kannst du an dem Beispiel eines kleinen, achtjährigen Jungen sehen, der sein halbes junges Leben im Krankenhaus verbracht und nun Probleme mit seinem Umfeld hatte. Die Krankheit war ausgeheilt, als ich ihn hypnotisierte. Trotzdem habe ich ihn in der Hypnose gefragt, ob er wieder vollständig gesund sei. Das hat der Junge mir in tiefer Trance dann bestätigt. Als ich ihn zur Sicherheit dann fragte, warum er die Krankheit hatte, gab er mir zur Antwort: „Ich brauchte die Erfahrung!" Der Junge war acht Jahre alt!"

„Du meinst also, ich hätte mir meine Eifersucht selbst ausgesucht, noch vor meiner Geburt?", fragte Manfred. „Es ist gut möglich, dass es so war", sagte Brigitte. „Aber warum hätte ich mir denn solch eine schwere Belastung aussuchen sollen? Wenn ich doch schon die Wahl habe, welche Erfahrung ich machen möchte, dann kann ich doch auch etwas Angenehmes wählen. Warum sucht sich jemand Leid oder Krankheit als Erfahrung aus, die er machen möchte?"

„Jede Seele ist eine einzigartige Bewusstseinsenergie, eine psychische Energie aus reinem Bewusstsein. Auf der energetischen Ebene unseres Seins gibt es kein Leid und auch keinen Schmerz. Dort gibt es nur die Erfahrung von Leid oder Schmerz. Und diese Erfahrung, also das Wissen darum, wie es ist, wie es sich anfühlt und das Wissen darum, es durchgestanden zu haben, führen zum persönlichen Wachstum der Seele", antwortete Brigitte.

Der Tod und die Ewigkeit des Seins

„Nach allem, was du mir jetzt erzählt hast, müsste man ja annehmen, dass man ewig lebt", überlegte Manfred. „Stimmt", sagte Brigitte, „wenn du das annimmst, dann dürftest du gar nicht so weit weg sein von der Wahrheit. Natürlich gibt es den physischen Tod eines Menschen. Nur, dass dieser Tod in unserer Welt der scheinbaren Realität eintritt, nicht jedoch in der wahren Realität des Seins. Wenn der Tod eintritt, dann vergeht der physische Körper, aber nicht die individuelle Bewusstseinsenergie der Seele. Völlig unabhängig von den Erkenntnissen, die wir bei unseren Hypnosen gewonnen haben, kommt man bei der Analyse von Todesnäheerlebnissen zu den gleichen Erkenntnissen."

„Was sind Todesnäheerlebnisse?", erkundigte sich Manfred. „Todesnäheerlebnisse sind solche Erlebnisse, bei denen ein Mensch zunächst stirbt, dann reanimiert wird und danach von seinen Erlebnissen berichtet, die er während seiner Todesphase hatte. Hierüber gibt es weltweit seriöse Forschungsergebnisse. Die wohl bekannteste Sterbeforscherin war die Ärztin Elisabeth Kübler-Ross (1926 – 2004). Frau Dr. Kübler-Ross hat ihr halbes Leben lang an den Betten von Sterbenden gesessen und viele Menschen einfühlsam bei dem Prozess des Sterbens begleitet. Sie gilt als Begründerin der Sterbeforschung. Für ihre Forschungsergebnisse auf diesem Gebiet wurde sie mit insgesamt dreiundzwanzig Ehrendoktortiteln ausgezeichnet. Ihre Bücher gelten heute als Standardwerke für Ärzte und Kranken-schwestern in ihrer Wahlheimat, den USA. Dies war jedoch nicht immer so. Als sie darüber zu berichten begann, dass Sterbende ihr oft von außerkörperlichen oder gar jenseitigen Erlebnissen erzählten, wandten sich viele Menschen von ihr ab und bezeichneten sie als "verrückt" oder als "wissenschaftlich unehrenhaft". Trotz aller Anfeindungen setzte Frau Dr. Kübler-Ross ihre Arbeit fort. Die Ärztin äußerte sich zu dieser Zeit hierzu in einem Interview.

Zitat: "Meiner Meinung nach ist derjenige wissenschaftlich ehrenhaft, der das niederschreibt, was er herausgefunden hat, und außerdem darlegt, wie er zu seiner Schlussfolgerung gelangt ist. Man müsste mir volles Misstrauen entgegenbringen und mich geradezu der Prostitution zeihen, wenn ich nur das veröffentlichen würde, was der allgemeinen Meinung gefällt. Ich denke nicht daran, Leute zu überzeugen oder gar zu bekehren. Meine Arbeit sehe ich hauptsächlich darin, das Erforschte weiterzugeben. Jene, die dafür bereit sind, werden mir Glauben schenken. Und jene, die es nicht sind, werden mit den unglaublichsten Vernünfteleien und Besserwisserin argumentieren wollen."

Elisabeth Kübler-Ross

„Das Charakteristische für Todesnäheerlebnisse ist die Tatsache, dass die Berichte der Menschen, die ein solches Erlebnis hatten, sich auf der ganzen Welt ähneln. Unabhängig von ihrem Alter, ihrer Zugehörigkeit zu einem Kulturkreis oder einer Religionsgemeinschaft, berichten diese Menschen immer den folgenden, sich ähnelnden Ablauf der Ereignisse.

Zu Beginn sieht der Betreffende sich aus seinem Körper heraustreten. Er empfindet sich als ganz, auch wenn ihm vorher ein Arm oder ein Bein fehlte. Er schaut von oben auf seinen toten Körper herab, wobei er jedes Detail genau wahrnimmt – selbst wenn er vorher blind war. Dann sieht er ein Licht, das ihn magisch anzieht. Er geht dann durch einen Tunnel, in einigen Fällen auch über einen Berggrat, auf dieses Licht zu. Am Eingang des Lichtes warten bereits verstorbene Freunde und Verwandte auf ihn, die ihn herzlich begrüßen. Dann wird er von diesen zurückgeschickt, weil seine Zeit noch nicht gekommen ist. Er taucht dann wieder – zumeist äußerst widerwillig – in seinen Körper ein. Das ist der Moment, in dem seine Reanimation erfolgreich abgeschlossen wird. Nach ihrer Genesung berichten die Menschen dann oftmals von ihren Erlebnissen.

Frau Dr. Kübler-Ross hat viele dieser Erlebnisse aufgezeichnet. In den meisten Fällen hat sie jedoch Sterbende in den Tod begleitet. Von dem, was diese Menschen ihr kurz vor dem Eintritt des Todes berichtet haben, hat die Ärztin ebenfalls umfangreiche Aufzeichnungen gemacht. Eines dieser Gespräche, möchte ich hier noch kurz erzählen", sagte Brigitte.

„Bei einem Verkehrsunfall wurden eine Mutter und ihre beiden Kinder schwer verletzt. Die Mutter verstarb noch am Unfallort. Die beiden Kinder, ein kleiner Junge und ein kleines Mädchen, wurden in zwei verschiedene Krankenhäuser gebracht. Elisabeth Kübler-Ross berichtet davon, dass sie am Bett des kleinen Mädchens gesessen habe. Kurz bevor das kleine Mädchen verstarb, hatte es sich von Frau Dr. Kübler-Ross verabschiedet, mit den Worten: "Ich gehe jetzt auch, Mama und Peter sind schon da". Tatsächlich war der Bruder des kleinen Mädchens kurz vorher verstorben, worüber Frau Dr. Kübler-Ross später telefonisch informiert wurde."

„Ein Todesnäheerlebnis ist für mich sehr beeindruckend", sagte Ralf, „und zwar deshalb, weil es bestimmt das am besten kontrollierte Erlebnis dieser Art ist. Und zwar meine ich das Todesnäheerlebnis von Pam Reynolds (1956 - 2010). Wenn du es möchtest Manfred, dann erzähle ich dir jetzt davon." Manfred nickte zustimmend und Ralf begann zu erzählen:

„Pam Reynolds war eine Sängerin in den USA. Im Jahre 1991, als sie fünfunddreißig Jahre alt war, hatten die Ärzte ein Aneurysma im Bereich ihrer Hirnbasis festgestellt. Niemand war bereit, sie wegen des hohen, damit verbundenen Risikos, zu operieren. Schließlich erklärte sich Dr. Robert F. Spetzler bereit, Pam Reynolds am Barrow Neurological Institute in Phoenix, Arizona, zu operieren.

Bei der Operation hatte Pam Reynolds ein Todesnäheerlebnis und wurde reanimiert. Die Operation war erfolgreich. Nach ihrer Genesung erzählte Pam Reynolds, sie wäre aus ihrem Körper herausgegangen und habe der Operation eine Zeit lang zugesehen, von einer Position aus, als säße sie auf der Schulter des Operateurs. Als Dr. Spetzler dann um die Knochensäge bat, habe sie sich gewundert, dass er dann ein Werkzeug erhalten habe, das aussah, wie ihre elektrische Zahnbürste. Unter einer Säge habe sie sich etwas ganz anderes vorgestellt. Dann hörte sie eine Gefäßchirurgin, die an ihrem Oberschenkel operierte, sagen: "Ich komme hier nicht weiter; ihre Venen sind zu eng". Daraufhin habe die Chirurgin folgende Antwort erhalten: "Versuchen sie es auf der anderen Seite". Hierüber erklärte Pam Reynolds, habe sie sich sehr gewundert, denn es habe sich ja schließlich um eine Gehirnoperation gehandelt und nicht um eine Operation der Beine. Im weiteren Verlauf ihres Nahtoderlebnisses ging Pam Reynolds durch einen Tunnel zum Licht. Dort traf sie ihren bereits verstorbenen Onkel, der sie wieder zurück zu ihrem Körper brachte.

Das Beeindruckende an diesem Erlebnis war die Tatsache, dass die Knochensäge tatsächlich große Ähnlichkeiten zu einer elektrischen Zahnbürste aufwies. Wie sich herausstellte, hatte die Kommunikation zwischen den Ärzten, die während der Operation aufgezeichnet worden war, genauso stattgefunden, wie Pam Reynolds es erzählt hatte. Die Ärzte bestätigten später, dass Pam Reynolds während der gesamten Operation weder irgendetwas habe hören können, noch sehen. Sowohl ihre Augen als auch ihre Ohren seien während der gesamten Operation mit Pflastern verklebt gewesen. Die Berichte von Pam Reynolds mussten demnach tatsächlich auf einer außerkörperlichen Wahrnehmung beruhen."

„Von einem anderen Todesnäheerlebnis möchte ich dir gerne auch noch erzählen, Manfred, wenn es dich interessiert. Das ist jedoch voller spiritueller Weisheit. Möchtest du das hören?", fragte Ralf. „Ja, gerne, die Spiritualität beginnt mich richtig zu interessieren", gab Manfred zur Antwort.

„Schön, dann erzähle ich dir nun von dem Todesnäheerlebnis von Mellen Thomas Benedict aus dem Jahre 1982. Heute befindet sich Mellen Thomas Benedict bei bester Gesundheit. Mellen Thomas Benedict ist ein US-amerikanischer Künstler. Wie er sagt, war er in den Siebzigerjahren so eine Art Informationsfreak gewesen, der zunehmend besorgter über nukleare Gefahren und Umweltkrisen wurde. Er war damals davon überzeugt, dass die Menschheit so etwas wie ein Krebsgeschwür für die Erde wäre und hielt alle Menschen für Krebs. Schließlich erkrankte er an Krebs, und zwar an einer Krebsart, die nicht operierbar war. Die Chemotherapie machte ihn nur noch pflegebedürftiger, sodass die Mediziner ihm noch sechs bis acht Monate zu leben gaben. Nachdem auch alle möglichen Versuche mit alternativen Heilmethoden fehlgeschlagen waren, beschloss er, dass seine Krankheit eine Sache zwischen ihm und Gott sei.

Da er keinerlei Bezug zur Spiritualität hatte und sich auch noch nie Gedanken über Gott gemacht hatte, beschäftigte er sich intensiv mit alternativen Heilmethoden sowie mit Religionen und Philosophien, um auf der anderen Seite, wie er sagt, nicht überrascht zu werden. Schließlich kam er in ein Hospiz, wo er eine persönliche Hospizpflegerin hatte, die ihn aufopfernd pflegte. Er wollte seinen Tod so bewusst wie möglich erleben und verzichtete, so gut es ging, auf die Einnahme von Schmerzmitteln. Mit seiner Hospizpflegerin hatte er die Vereinbarung getroffen, seinen toten Körper für sechs Stunden alleine zu lassen, weil er gelesen hatte, dass in dieser Zeitspanne nach Eintritt des Todes alle möglichen, interessanten Dinge geschehen würden. Er hielt achtzehn Monate durch. Als er eines Morgens gegen 04:30 Uhr aufwachte, wusste er, dass er an diesem Tag sterben würde. Er rief noch ein paar Freunde an und seine Hospizpflegerin, um sich zu verabschieden. Dann legte er sich wieder zum Schlafen hin.

Dann war er plötzlich vollkommen aufmerksam und stand aufrecht, aber sein Körper lag im Bett. Außerhalb seines Körpers konnte er plötzlich viel mehr sehen, als er sich je hätte vorstellen können. Er konnte jeden Raum des Hauses sehen und er konnte das Haus von oben und auch von unten betrachten. Da war ein Licht und er wandte sich in dessen Richtung. Das Licht war so wundervoll. Er wusste, er würde es anfassen und es fühlen können. Als er begann, sich auf das Licht zuzubewegen, hatte er das Gefühl, wie ein kleines Kind in die offenen Arme seiner Mutter zu laufen. Er wusste, dass er tot sein würde, wenn er das Licht erreichte. "Warte bitte einen Moment", sagte er, "ich möchte gerne noch einmal darüber nachdenken. Ich möchte gerne einmal mit dir sprechen." In diesem Moment wurde alles gestoppt und das Licht verwandelte sich nach und nach in Jesus, in Buddha, in Krishna, in verschiedene Mandalas und archaische Symbole. Er fragte sich, was hier wohl gerade passierte und sofort erhielt er die Antwort, dass der Glaube des Betreffenden den Eindruck erzeugt, den er vom Licht erhält. Man bekommt also eine Rückkopplung des eigenen Glaubens. Er hatte den Wunsch, das Universum wirklich zu verstehen. Sofort verwandelte sich das Licht in ein Mandala aller menschlichen Seelen. Es war das Wunderbarste, was er je gesehen hatte. Eine Liebe, die bedingungslos kuriert, heilt und regeneriert. In diesem Augenblick war seine Meinung über die Menschen für immer verändert. "Oh Gott", sagte er, "ich wusste nicht wie wundervoll wir sind, auf jeder Ebene hoch oder niedrig". Er erkannte, dass es nichts Böses in irgendeiner Seele gibt. Das Licht erklärte ihm "alles, wonach alle Menschen streben, ist die Liebe. Die Liebe ist das, was sie aufrechterhält. Was die Menschen verzehrt, ist die Abwesenheit von Liebe". Er fragte sich, ob die Menschheit gerettet werden würde. Kaum hatte er diesen Gedanken zu Ende gedacht, da empfing er auch schon die

Antwort des Lichtes. Sie kam für ihn wie ein Paukenschlag: "Ihr rettet und heilt euch selbst! Das war schon immer so und es wird auch immer so sein!" Mit tiefstem Dank im Herzen trat er in das Licht ein und wusste plötzlich, dass sein Wunsch, das Universum zu verstehen, erfüllt werden würde. Sein Bewusstsein dehnte sich rasend schnell aus und ganze Gruppen von Galaxien flogen vorbei. Ihm wurde das gesamte Universum gezeigt und er verstand es. Dann trat er in ein zweites Licht ein und befand sich in der Leere. Die Leere war der Zustand, welcher der Schöpfung voran ging. Er erfuhr, dass diese Leere weniger als Nichts ist und zugleich mehr als alles, was existent ist. Die Leere ist das Chaos, das alle Möglichkeiten formt. Sie ist absolutes Bewusstsein. Diese Leere ist das Nichts in allen Atomen, der Raum zwischen den Atomen und ihren Komponenten. Diese Leere ist zugleich in uns und außerhalb von uns. Sie ist voller Energie, einer Energie, die alles geschaffen hat. Wo auch immer ein Atom ist, da ist das Zentrum des Universums. Mit diesem Verständnis kam Mellen Thomas Benedikt zurück in das Leben. Ihm war klar, dass Gott in allem und jedem ist und dass Gott sich selbst durch uns erfährt. Er wäre froh gewesen, nur ein einziges Atom zu sein. Aber der menschliche Teil Gottes zu sein, das war für ihn der größte Segen, den er sich überhaupt vorstellen konnte. Er konnte nichts Böses mehr an irgendeinem Menschen finden.

Diese hoch interessanten Beschreibungen sind natürlich alle nicht nachprüfbar", erklärte Ralf. „Was aber bemerkenswert an diesem Todesnäheerlebnis von Mellen Thomas Benedikt ist, das ist die Tatsache, dass er mindestens anderthalb Stunden tot war. Seine Hospizpflegerin hatte ihn gefunden und seinen Tod festgestellt. Anderthalb Stunden später begann er wieder zu atmen. Nach einigen Wochen ging es Mellen Thomas Benedikt wieder besser und er ließ sich medizinisch untersuchen. Er war kerngesund. Sein Krebs war vollkommen verschwunden. Die Ärzte bezeichneten dieses Phänomen als "Spontanheilung" und gaben sich relativ unbeeindruckt, wie Mellen Thomas Benedikt berichtet. Er selbst aber war beeindruckt, auch wenn es sonst niemand war."

Manfred hatte die ganze Zeit interessiert zugehört. „Nach allem, was ich jetzt gehört habe, brauchen wir uns ja vor dem Tod nicht zu fürchten", bemerkte er. „Das muss jeder für sich entscheiden", antwortete Brigitte, „aber wenn ein kleines Mädchen unmittelbar vor seinem Tod weiß, dass Minuten vorher ihr Bruder in einem anderen Krankenhaus gestorben ist, dann lässt das nach meiner Auffassung den Schluss zu, dass dieses sterbende Mädchen bereits auf einer anderen energetischen Ebene, die wir bewusst nicht wahrnehmen können, mit ihrem Bruder verbunden war. Für die Existenz einer solchen energetischen Ebene, auf der die Wahrnehmungen intuitiv erfolgen, spricht auch die Tatsache, dass Pam Reynolds nach ihrem Todesnäheerlebnis die Situation im Operationssaal exakt beschreiben konnte."

Wenn die Seele den Körper verlässt

„Einen ganz anderen Nachweis psychischer Energie liefert beispielsweise die Kirlianfotografie, mit der man Aufnahmen von der Aura eines Menschen machen kann. Diese Art der Hochfrequenzfotografie wurde von Dr. Konstantin G. Korotkov aus St. Petersburg eingesetzt, als er der Frage nachging, ob die psychische Energie des Menschen, also die Seele, den Körper unmittelbar nach Eintritt des Todes verlässt.

Dr. Korotkov machte hierzu Kirlianaufnahmen von den Fingerspitzen von Verstorben, und zwar in regelmäßigen Abständen von einer Stunde. Auf den Aufnahmen zeigte sich die psychische Energie der Aura in Form einer Anordnung von Pünktchen um die Fingerkuppe herum. Die Ergebnisse dieser Forschungen waren frappierend. Dr. Korotkov stellte fest, dass die psychische Energie eines Menschen, der eines friedlichen, natürlichen Todes gestorben war, langsam und gleichmäßig nachließ und nach sechsunddreißig Stunden nicht mehr nachweisbar war. Bei jemandem, der plötzlich und unerwartet verstorben war, war das Nachlassen der Energie ungleichmäßig mit einem plötzlichen Umschwung nach zweiundsiebzig Stunden. Und bei jemandem, der durch einen Suizid verstorben war, dauerte das Nachlassen der Energie etwa eine Woche. Nach seinen jahrelangen Forschungen kann Dr. Korotkov allein anhand der Größe und Anordnung der Ener-

giepunkte im Aurafeld der Fingerkuppe die Todesursa-
che bestimmen."

Woher unsere Identität kommt

„Hierzu korrespondieren auch die Forschungsergebnisse des US amerikanischen Zellbiologen Bruce Lipton, der im Rahmen seiner zwanzigjährigen Stammzellenforschung zu sehr interessanten Ergebnissen gekommen ist, und zwar geht es hierbei um die Identitätserkennung der Zelle. Wenn du dir ein Haar von dir anschaust, Manfred, dann kannst du das interpretieren als ein Haar. Du kannst es aber auch interpretieren, als einige tausend Zellen, die einzigartig auf der Welt sind. Es sind deine Zellen und du kannst ganz sicher sein, dass es keinen zweiten Menschen auf der Welt gibt, der identisch gleiche Haarzellen hat wie du. Dies gilt natürlich auch für alle anderen Zellen deines Körpers.

Was glaubst du, woher das Signal kommt, das die individuelle Identität deiner Zellen erzeugt?" Manfred überlegte. „Ich sage es dir, Manfred. Die Zelle hat an ihrer Zellmembran Identitäts-Rezeptoren. Sie nimmt über die Rezeptoren das Signal auf, das diese Zelle zu deiner einzigartigen, individuellen "Manfred-Zelle" macht. Und dieses Signal kommt von außen! Es kommt aus dem psychoenergetischen Feld. Wir sind also eigentlich gar nicht in uns drin. Unsere Identität kommt direkt aus der Energie unseres Ursprungs."

„Unglaublich", entfuhr es Manfred, „du meinst, wir sind gar nicht in uns drin?" „Genau das ist es, was

223

Bruce Lipton im Rahmen seiner Forschungstätigkeit herausgefunden hat", bestätigte ihm Brigitte. „Deine Identität, die dich zu einem einzigartigen Wesen im gesamten Universum macht, kommt direkt aus der Energie deines Ursprungs, der Energie der allumfassenden, bedingungslosen Liebe. Jede einzelne deiner Zellen hat Identitäts-Rezeptoren, die ununterbrochen deine individuelle Bewusstseinsenergie aus dem Feld aufnehmen. Auf diese Weise wird jede einzelne deiner Zellen zu einer einzigartigen "Manfred-Schneider-Zelle". Deine körperliche Hülle wird also aus dem psychoenergetischen Feld heraus "beseelt" mit deiner individuellen, ewigen Bewusstseinsenergie. Und wenn dein jetziges Leben zu Ende ist, dann verlässt diese, deine individuelle Bewusstseinsenergie deine sterbliche Hülle binnen weniger Tage. Dies hat Dr. Korotkov mit seinen Kirlian-Aufnahmen während seiner langjährigen Untersuchungen belegt.

Wir erfahren dies immer wieder auf andere Art, nämlich im direkten Dialog mit dem Unterbewusstsein eines Klienten, der sich in einer hypnotischen Tieftrance befindet. In diesem erweiterten Bewusstseinszustand kommen die Antworten auf unsere Fragen spontan und meist mit der Stimme und auch mit der Mimik eines kleinen Kindes. Wenn du jemanden in diesem Zustand fragst, ob seine Existenz jemals zu Ende sein könnte, dann schüttelt er sich vor Lachen und gibt ein klares, aber verständnisloses "Nein" zur Antwort. Genau diese Frage habe ich dir während deiner Hypnose ja auch gestellt. Erinnerst du dich?", gluckste Brigitte.

„Ja", strahlte Manfred, „das war für mich in dem Moment eine lustige Frage, sodass ich mich vor Lachen schütteln musste. Und ich wusste in diesem Zustand gar nicht, warum diese Frage so lustig war, aber ich habe mich urplötzlich vor Lachen gekringelt. Wenn ich heute bewusst darüber nachdenke, dann erscheint mir das alles immer noch unglaublich. Aber es war meine ureigene, reale Erfahrung. Und die Erkenntnis, dass meine Seele unvergänglich ist, also dass mir, was immer auch passiert, in Wirklichkeit gar nichts geschehen kann, die hat mein Leben verändert. Ich lebe heute viel freier und auch viel bewusster als vor der Hypnose."

Das psychoenergetische Feld

„Wir leben inmitten von Energiefeldern, die aus vielerlei Arten von Energien bestehen. Da sind zum einen die elektromagnetischen Wellen von Radio- und Funksendern und natürlich von unseren Handys und zum anderen die psychischen Energien. Bei den psychischen Energien handelt es sich um globale Energien, die aus den Emotionen von Menschengruppen ausgestrahlt werden. Weiterhin sind da noch die Energien unseres Umfeldes, die aus den Aurafeldern der Menschen stammen, mit denen wir täglich zu tun haben und schließlich ist da noch unsere eigene Lebensenergie, unsere Seele, die sich auch in unserem Aurafeld tummelt. Und über die Energie unserer Seele sind wir zudem direkt mit unserem Ursprung verbunden, also der Energie der allumfassenden, bedingungslosen Liebe, wie wir von allen Hypnotisanden, die sich in einer Tieftrance befinden, immer wieder erfahren dürfen.

Wenn sich große Gruppen von Menschen zusammenschließen und für den Frieden meditieren", fuhr Brigitte fort, „dann wirkt sich das so erzeugte Feld von Bewusstseinsenergie unmittelbar und nachhaltig auf das Umfeld aus. In vielen Versuchen erwies es sich als zutreffend, dass die Kriminalitätsrate einer Stadt nach einer solchen Gruppenmeditation signifikant sinkt. Wenn du dich dafür interessierst, Manfred, dann findest du viele Belege hierfür im Internet.

Hochinteressant ist an dieser Stelle auch ein Forschungsprojekt, das 1998 an der Universität Princeton begonnen und von Dr. Roger Nelson, dem Gründer des Projekts, noch heute fortgeführt wird. An diesem Projekt sind rund einhundert Wissenschaftler auf der ganzen Welt beteiligt, welche Daten von Zufallsgeneratoren erfassen und auswerten. Diese Zufallsgeneratoren zeigen regelmäßig dann signifikante Ausschläge, wenn große Gruppen von Menschen starke Emotionen haben. Das lässt sich beispielsweise an den Silvesterfeierlichkeiten auf der ganzen Welt regelmäßig dadurch nachweisen, dass die Zufallsgeneratoren hier besondere Ausschläge zeigen. Besonders signifikante Anstiege der Messwerte waren am 11. September 2001 zu erkennen, als die Zwillingstürme des World Trade Centers in New York zerstört wurden. Hier deuteten die Zufallsgeneratoren bereits Stunden vor den Einschlägen der Flugzeuge auf einen sprunghaften Anstieg der psychischen Energie hin. Das Projekt trägt den Namen "Global Consciousness Project (GPC)". Es hat eine eigene Internetseite, auf der die Daten der auf der ganzen Welt verteilten Zufallsgeneratoren kontinuierlich eingestellt werden. Besondere Ereignisse, die sich seit 1998 ereignet haben und die hierzu übertragenen Daten der Zufallsgeneratoren, kannst du dort auch einsehen.

Psychische Energie beeinflusst also die Messwerte der Zufallsgeneratoren und ist insofern auch belegbar, wenn auch das langfristige Projekt noch nicht endgültig abgeschlossen und ausgewertet ist."

„Das sind ja unglaublich viele Energien die sich alle in unserer Aura treffen", überlegte Manfred. „Und das immer", sinnierte er weiter. „Vierundzwanzig Stunden am Tag, ein Leben lang. Und man merkt noch nicht einmal etwas davon." „Das stimmt", antwortete Brigitte. „Also, wenn wir energetische Behandlungen durchführen oder uns gedanklich mit den Energien verbinden, dann fühlen wir die Energien schon sehr deutlich. Aber ansonsten merkt man nichts von den ganzen Energien die sich in unserem Aurafeld überlagern. Bei dem Überlagern der Energien bilden sich Interferenzmuster, ganz so, wie bei dem Doppelspaltexperiment, erinnerst du dich?" Manfred nickte. „Und diese Interferenzwellen nimmst du unbewusst wahr. Die Art, wie du diese Interferenzwellen wahrnimmst, ist abhängig von deinen unbewussten Programmen. Diese Interferenzwellen können bei dir das Gefühl von tiefer Traurigkeit oder auch von Glück auslösen. Dabei kommt es noch nicht einmal unbedingt darauf an, welche Energiewellen von welchen Menschen in dein Aurafeld einfließen, sondern es kommt vor allen Dingen darauf an, wie du diese Wellen wahrnimmst. Hast du ein positives, unbewusstes Programm für diese Wellen, dann sendest du automatisch positive Energiewellen in verstärkter Form zurück und fühlst dich gut. Hast du aber ein negatives, unbewusstes Programm für diese Wellen, dann passiert genau das Umgekehrte.

Deine individuelle Art, wie du diese Energien deiner Umwelt wahrnimmst, erzeugt dein Verhalten. Diesen Zusammenhang zwischen der individuellen Wahrnehmung eines Signals aus der Umwelt und dem davon automatisch ausgelösten Verhalten, hat Bruce Lipton im Rahmen seiner Forschungstätigkeit an Stammzellen ebenfalls nachgewiesen.

Bruce Lipton sieht den Menschen hierbei als Gemeinschaft von Billiarden von Zellen. All diese Zellen, aus denen wir bestehen, werden nur von einem gesteuert, nämlich unserem Unterbewusstsein. Um glücklich und gesund zu leben, benötigen wir ein kontinuierliches Wachstum unserer Zellen. Immerhin sterben täglich Millionen von Zellen ab, die alle neu gebildet werden müssen. Wir brauchen also ein ständiges Wachstum. Bruce Lipton hat im Rahmen seiner Forschungen erkannt, dass die wesentliche Voraussetzung für das Wachstum von Zellen als Signal aus dem psychoenergetischen Feld kommt. Dieses Signal, das für das Zellwachstum notwendig ist, ist die Liebe. Wenn du also mit dem Gefühl "seid umschlungen, Millionen" und einer innerlich offenen Einstellung durch die Gegend läufst, dann wachsen deine Zellen und du strotzt vor Gesundheit.

Schwierig wird es allerdings, wenn deine Zellen die Signale Angst oder Stress aufnehmen. Dann verschließen sich die Zellen und gehen in eine Schutzhaltung. Wenn die Zellen in dieser Schutzhaltung sind, dann können sie nicht wachsen. Dein Immunsystem wird dann schwächer und damit wirst du anfällig für alle möglichen Krankheiten. Wenn deine Zellen dabei nur für kurze Zeit einmal in diesen Schutzmodus gehen, zum Beispiel weil du dich furchtbar über etwas geärgert hast, dann macht das nichts. Das gleicht dein Körper dann am nächsten Tag durch verstärktes Wachstum wieder aus. Richtig schwierig wird es aber dann, wenn deine Zellen ständig in ihrer Schutzhaltung sind. Das ist zum Beispiel bei Menschen der Fall, die ständig in Angst leben, weil sie vielleicht von ihrem Kollegen gemobbt werden. Bei diesen Menschen findet dann nur ein geringes Zellwachstum statt. Sie sind dann besonders anfällig für Infektionskrankheiten und insbesondere für psychische Erkrankungen."

Alltag in der Leistungsgesellschaft

„Wir leben", fuhr Brigitte fort, „in einer zunehmend leistungsorientierten Gesellschaft. Einer Gesellschaft, in der viele Menschen Angst haben, im Beruf zu versagen, weil sie Angst um ihren Arbeitsplatz haben oder befürchten, nicht gut genug zu sein. Zugleich sind wir ständig erreichbar und werden mit Informationen überflutet, die alle verarbeitet werden müssen. Zusätzlich werden wir noch an allen Ecken und Kanten mit Werbung in jeglicher Form überhäuft. Werbung in Verbindung mit dem Angebot von scheinbar günstigen Ratenkrediten bringt viele Menschen dazu, sich finanziell zu übernehmen, wodurch weitere Ängste geschürt werden. Nach einer "Studie zur Gesundheit Erwachsener in Deutschland (DEGS)", durchgeführt von den Professoren Wittchen und Jakobi, veröffentlicht am 14. Juni 2012, weist jeder dritte erwachsene Deutsche die Symptome von mindestens einer psychischen Störung auf. Bei einer ähnlichen Studie aus dem Jahre 2011, welche von den gleichen Forschern für Westeuropa erstellt wurde, kamen nahezu identische Ergebnisse heraus. Als Fazit hieraus müssen wir erkennen, dass wir in einer Gesellschaft leben, in der jeder dritte Erwachsene psychisch erkrankt ist."

„Das hätte ich jetzt nicht gedacht", wunderte sich Manfred. „Das hätte ich auch nie für möglich gehalten", antwortete Ralf. „Ich war geradezu entsetzt, als ich die Studie las. Aber all das was Brigitte eben mit wenigen Worten zu unserer Lebenssituation gesagt hat, beschreibt nichts anderes, als Signale aus dem psychoenergetischen Feld, die pausenlos von unseren Zellen empfangen werden."

„Und was kann man dagegen machen?", fragte Manfred. „Das Problem ist nicht das Signal selbst", erklärte Ralf. „Das eigentliche Problem liegt in den unbewussten Programmen begründet, die zur Art der Wahrnehmung dieses Umweltsignals führen und diese Art der Wahrnehmung löst dann ein Verhalten aus. Ich bringe dir einmal ein einfaches Beispiel: Stell dir vor, du bist während der letzten zehn Jahre mit Werbung für teure Elektronikgeräte, also Handys, PCs und Tabletrechner überhäuft worden. Durch diese aggressive Werbung haben sich bei dir ein paar unbewusste Programme gebildet, die dich zwingen, dir immer die neuesten Geräte mit neuester Technik kaufen zu müssen. In dem Moment, in dem ein neues Gerät mit noch neuerer Technik auf den Markt kommt, zwingt dich dein Unterbewusstsein, dieses Gerät zu kaufen. Du kannst dich vielleicht ein paar Wochen bewusst dagegen wehren, aber dann winkt der Anbieter mit einem Sonderangebot und "bequemen" Monatsraten. Dann kaufst du das Gerät und hast einen Ratenvertrag. Dagegen ist ja grundsätzlich überhaupt nichts einzuwenden. Ein richtiges Problem entsteht allerdings dann, wenn das dein zweiunddreißigster Ratenvertrag ist. Irgendwann wird es dann sehr eng und die Ängste nehmen zu.

Wenn die Situation dann dauerhaft schwierig ist und bleibt, zum Beispiel, weil der Hersteller zwischenzeitlich wieder drei neue Versionen seines Gerätes auf den Markt gebracht hat, und der Arbeitsplatz möglicherweise noch in Gefahr ist, dann dürfte auch der Weg zu einer psychischen Erkrankung nicht mehr weit sein. Schau dir nur einmal die rasante Zunahme von Menschen an, die wegen einer Burnout-Erkrankung in Behandlung sind. Und ständig werden es mehr."

„Und was glaubst du, woher das kommt?", fragte Manfred. „Ehrlich gesagt, kann ich dir hierauf keine gesicherte Antwort geben, weil ich es schlichtweg nicht weiß. Zu diesem Thema kann ich dir allenfalls mit meinen eigenen Gedanken und Vermutungen dienen, ohne jeglichen Anspruch auf Vollständigkeit oder Richtigkeit", gab Ralf nachdenklich zur Antwort. „Und was sind deine Vermutungen?", setzte Manfred nach.

„Wir haben in den westlichen Industrienationen einen sehr hohen Lebensstandard erreicht. Nahezu jeder Erwachsene und auch die meisten Kinder haben mindestens ein Handy. Großbildfernseher, Computer mit Internetanschluss und Autos finden sich in fast jedem Haushalt. Wir leben in Sicherheit, jeder hat ein Dach über dem Kopf und mehr als genug zu essen. Wir leben im Vergleich zu den meisten anderen Menschen auf der Welt in paradiesischen Verhältnissen. An diesen ganzen Luxus in dem wir leben, haben wir uns allerdings so sehr gewöhnt, dass die meisten von uns ihre komfortable Lebenssituation gar nicht mehr als solche wahrnehmen. Vielmehr richten sie ihren Fokus auf das, was ihnen fehlt beziehungsweise auf das, was sie vermissen. So empfinden viele Menschen in ihrem Leben die subjektiven Gefühle von Mangel, Einsamkeit und permanenter Überforderung.

Wenn wir noch 1970 froh waren, dass wir für zwanzig Pfennig das Telefon in der Tankstelle an der Ecke benutzen konnten, so wird es heute vielfach als akuter Mangel empfunden, wenn man sich nur ein gewöhnliches Handy leisten kann und nicht das Smartphone der neusten Generation. Dazu kommt, dass wir mit Informationen überschüttet werden. Nachrichten aus aller Welt sind im Minutentakt abrufbar. Wir sind jederzeit erreichbar und erhalten unsere E-Mails, SMS und Kurznachrichten aller möglichen weiteren Dienste direkt und rund um die Uhr auf unsere Handys. Das persönliche Gespräch von Angesicht zu Angesicht findet immer weniger statt. Stattdessen nimmt die Kommunikation im Internet oder via E-Mail einen ständig größer werdenden Raum ein. Insbesondere der jungen Generation ist es offensichtlich immens wichtig, alles, was sie gerade macht, ihren virtuellen Freunden über soziale Netzwerke im Internet mitzuteilen.

Mit anderen Worten: Wir arbeiten hart, um uns Dinge leisten zu können, die wir eigentlich gar nicht brauchen. Viele Menschen vereinsamen vor ihren PCs, während sie tausend virtuellen "Freunden" mitteilen, was niemanden wirklich interessiert. Wenn du dir in der Fußgängerzone einer deutschen Großstadt ein Eis kaufst und dann den Leuten, die dir begegnen, zurufst: "Ich esse gerade ein leckeres Eis", dann wirst du hierfür nur mitleidige und verständnislose Blicke ernten. Gibst du allerdings "ich esse gerade ein leckeres Eis" in dein soziales Netzwerk ein, dann wirst du zu dieser vollkommen belanglosen Information etliche Kommentare und Bewertungen erhalten.

Wir leben also mittlerweile in einer Gesellschaft, in der wir mit Informationen, so nutzlos sie auch sein mögen, überschüttet werden. Dazu wird noch alles in irgendeiner Form bewertet oder zumindest kommentiert. Unter dem Strich hat sich unsere Gesellschaft innerhalb der letzten dreißig Jahre wohl so rasant entwickelt, dass viele Menschen hiervon schlicht überfordert sind und nicht mehr zur inneren Ruhe kommen", endete Ralf nachdenklich.

Realität erschaffen durch Manifestation

„Wie kann denn jemand, der sich von der Hektik des Alltags überfordert fühlt, zu seiner inneren Ruhe kommen?", wollte Manfred wissen.

„Indem er", antwortete Brigitte bedächtig, „sich selbst als Mensch wahrnimmt, und damit natürlich auch seine ureigenen Bedürfnisse und Wünsche. In unserer heutigen Gesellschaft sind die meisten Bereiche des Lebens klar geregelt. Dies gilt für die Arbeitswelt genauso wie für das Schulsystem oder das Gesundheits- und Sozialwesen. Dies bewirkt vielfach, dass Menschen innerhalb dieser Regeln "funktionieren" und hierbei ihre Eigenverantwortung abgeben, zumindest teilweise. Das alles ist natürlich kein bewusster Vorgang, sondern eher ein schleichender Prozess, der sich aus der Macht der Gewohnheit ergibt. Schließlich fühlt sich der Betreffende von seinem Umfeld getrieben. Er fühlt sich mehr und mehr überfordert und ist hierdurch dauerhaft mit sich und seinem Leben unzufrieden. Aber er kann meist noch nicht einmal sagen, warum das so ist.

Wenn mich jemand, der in einer solchen Situation ist, fragen würde, wie er diese ändern könne, dann würde ich ihm wahrscheinlich folgenden Vorschlag machen:

- Nehmen Sie sich eine Auszeit von mindestens einer Woche, in der Sie vollkommen mit sich und Ihren Gedanken allein sein können. Keine Sorge, die Welt wird nicht untergehen, wenn Sie für eine Woche für niemand erreichbar sind.

- Verbringen Sie Ihre Auszeit an einem Ort, an dem Sie sich besonders wohlfühlen. Sei es eine Berghütte oder ein Ferienhaus am Meer, ganz so, wie es Ihnen am besten gefällt. Sie können Ihre Auszeit natürlich auch bei sich zu Hause verbringen, aber dann sollten Sie die Klingel abstellen.

- Vergessen Sie für diese Woche, dass Kommunikationseinrichtungen wie Telefone, Handys, Tabletrechner oder PCs existieren, und schalten Sie weder den Fernseher noch das Radio ein.

- Fokussieren Sie Ihre Aufmerksamkeit auf die Natur, die Sie umgibt und nehmen Sie diese so bewusst wie möglich in sich auf. Hierbei werden Ihnen vermutlich, insbesondere während der ersten Tage, immer wieder Gedanken kommen an Menschen, denen Sie unbedingt etwas mitteilen müssen und an Dinge, die dringend erledigt werden müssen. Lassen Sie diese Gedanken einfach frei fließen und konzentrieren Sie sich weiter auf die Natur, auf Bäume, Tiere, den Himmel, die Berge oder die Wellen. Sie werden dies vermutlich

als sehr anstrengend empfinden, aber, halten
Sie durch.

• Nach einigen Tagen werden Sie feststellen,
dass Sie sich gedanklich immer weiter von
Ihrem Alltag lösen. Auch das schlechte Ge-
wissen wegen der vielen, unerledigten Dinge,
meldet sich immer seltener. Nun lässt der
innere Kampf, den Sie während der ersten
Tage mit sich selbst geführt haben, allmählich nach. Sie bemerken, dass Sie immer ruhiger werden und vielleicht auch, dass Sie
sich mehr und mehr mit der Sie umgebenden
Natur verbunden fühlen.

• Je mehr Sie nun zu Ihrer inneren Ruhe
kommen, desto unwichtiger erscheinen Ihnen
die Probleme des Alltags, bis sie schließlich
nur noch als sporadisch aufkommende Gedanken erscheinen, die schnell vorüberzie-
hen. Irgendwann kommt dann der Zeitpunkt,
an dem Sie sich bewusst wahrnehmen als
jemand, der auf Ihrem Platz sitzt und seine
Gedanken über sein Leben frei fließen lässt.
Es kommen Erinnerungen an die Vergangenheit auf, vielleicht an Ihre Kindheit. Ihre
Gedanken kommen und gehen, völlig ab-
sichtslos und ohne jede Anstrengung. Dabei
wird Ihnen nach einiger Zeit auffallen, dass
Sie in Ihren Gedanken an die schönen Erinnerungen förmlich schwelgen, wobei die Er-

innerungen an schmerzliche Begebenheiten zwar auch kommen, aber meist ohne jede Emotion.

- Wenn Sie dann lange genug in Ihren angenehmen Erinnerungen geschwelgt haben, kommen Ihnen automatisch Gedanken an Ihre Zukunft. Hier gibt es keine Erinnerungen und es wird Ihnen bewusst, dass Ihr jetziges, physisches Leben eines fernen Tages zu Ende gehen wird. Hier kommt Ihnen vielleicht die Frage in den Sinn, ob es ein Leben nach dem Tod gibt. Diese Frage können Sie sich in Ihrem Zustand der vollkommenen Ruhe und Entspannung selbst beantworten. Versuchen Sie einfach einmal, sich vorzustellen, dass Ihre gesamte Existenz mit dem physischen Tod erlischt. Versuchen Sie es ruhig. Je intensiver Sie es versuchen, desto weniger wird es Ihnen gelingen. Hier hat die Natur wohl so etwas wie eine unüberbrückbare Sperre eingebaut. Ein absolutes Ende des Seins ist für niemanden vorstellbar, auch wenn er sich noch so sehr bemüht, diese Vorstellung zu erzeugen.

- Versuchen Sie doch nun einmal, sich vorzustellen, dass alles, was Ihr ganzes Wesen ausmacht, als individuelle Energie Ihrer Seele nach dem Tod Ihres physischen Körpers unverändert und ewig weiterlebt. Sie werden feststellen, dass Ihnen diese Vorstellung vollkommen leicht fällt und absolut natürlich erscheint. Und genau diese Vorstellung von der Unendlichkeit der Seele, wird durch die Forschungsergebnisse von Doktor Korotkov und Bruce Lipton sowie durch die umfangreiche Erforschung von Todesnäheerlebnissen belegt. Auch in den von uns durchgeführten Hypnosen wird diese Vorstellung immer wieder bestätigt. Welche unglaublichen Perspektiven tun sich hiermit für Ihr Leben auf!

• Die Vergangenheit können Sie nicht ändern. Die Erfahrungen, die Sie in der Vergangenheit gemacht haben, können Sie allerdings gezielt nutzen, um Ihre Zukunft so zu gestalten, wie Sie es gerne möchten. Wie aber soll Ihre Zukunft aussehen? Vielleicht horchen Sie ja in dieser Minute der absoluten Ruhe einmal tief in sich hinein und malen sich aus, wie Sie Ihre Zeit zwischen dem jetzigen Moment und dem Zeitpunkt Ihres Todes verbringen möchten. Da Ihre Seele nach Ihrem physischen Tod weiterlebt, müssen Sie diesen ja nicht fürchten. Also träumen Sie sich doch einfach einmal in Ihr künftiges Leben hinein. Vielleicht stellen sich Ihnen hierbei ja solche Fragen: "Was will ich wirklich? Was traue ich mich zu wollen? Steht es mir zu, mein Leben so zu gestalten, wie ich es gerne nach meinem eigenen freien Willen gestalten möchte?"

Und wenn sich an dieser Stelle ein großes "Ja, aber ..." auftut, dann stellen Sie sich vielleicht auch einmal folgende Fragen: "Wer trägt die Verantwortung für mein Leben? Liegt diese bei mir selbst oder bei anderen?" Wenn Sie dann für sich zu dem Schluss kommen sollten, dass die alleinige Verantwortung für Ihr Leben bei Ihnen selbst liegt, dann kommen Ihnen vielleicht folgende Fragen in den Sinn: "Übernehme ich meinerseits die Verantwortung für die Art, wie andere Menschen ihr Leben gestalten? Und wenn ja, hindere ich diese Menschen vielleicht daran, ihr eigenes Leben auf ihre eigene Weise selbst zu gestalten? Halte ich vielleicht aus purer Gewohnheit an Lebenssituationen fest, die ich aus meinem tiefsten Inneren heraus gerne ändern möchte? Bin ich deshalb vielleicht so unzufrieden? Gehe ich eigentlich respektvoll mit mir selbst und mit anderen Menschen um? Habe ich den Mut, mein Leben zu ändern?" Na, dann los!

• Wenn Sie innerlich bereit sind, Ihre Lebenssituation in vollem Respekt vor sich selbst und vor anderen Menschen so zu ändern, dass Ihr Leben erfüllt und glücklich ist, dann nehmen Sie jetzt Ihre neue Lebenssituation fest und mit allen Konsequenzen für sich an. Fühlen Sie sich in Ihr neues Leben hinein und nehmen dieses als Ihre Realität wahr.

Nehmen Sie sich für dieses bewusste und intensive Manifestieren Ihrer neuen Lebenssituation die Zeit, die Sie brauchen, seien es einige Stunden oder einige Tage. Die Energiewellen, welche Sie nun über Ihre Aura aussenden, werden jetzt als Teil des psychoenergetischen Feldes von jedem anderen Menschen und allem, was existent ist, aufgenommen. Die Menschen, die Ihnen nahestehen oder zu Ihrem Umfeld gehören, werden hierauf unbewusst durch das Aussenden von Interferenzwellen reagieren, die wiederum in Wechselwirkung mit Ihrem Energiefeld stehen. Auf diese Weise wird das, was Sie sich mit Ihrem eigenen freien Willen für Ihr eigenes Leben vorgenommen haben, gelebte Realität. Bei dem, was Sie für sich auf diese Weise manifestieren, sollten Sie allerdings stets darauf achten, dass Sie keinen anderen Menschen gegen seinen Willen energetisch beeinflussen. Wenn Sie zum Beispiel eine Partnerin oder einen Partner suchen, dann manifestieren Sie bitte, dass Sie der Partnerin oder dem Partner begegnen, die / der optimal zu Ihnen passt. Bitte halten Sie sich hierbei neutral und fokussieren Sie keine bestimmten Personen, wie zum Beispiel Lieschen Müller.

• Wenn Sie sich derart intensiv mit sich und Ihrer Lebenssituation auseinandergesetzt haben und die von Ihnen manifestierten Änderungen zu Ihrer Realität geworden sind, dann ist der Zeitpunkt gekommen, an dem Sie Ihre Auszeit beenden und in die Gesellschaft zurückkehren sollten. Diese ist dann sicherlich noch genauso hektisch und mit Informationen überfrachtet wie vor Ihrer Auszeit. Aber Sie werden dies alles aus einer tiefen, inneren Sicherheit heraus vollkommen verändert und nicht mehr als belastend wahrnehmen. Die Menschen, mit denen Sie Tag für Tag zu tun haben, werden Ihnen auf andere Art begegnen, als vor Ihrer Auszeit. Nachdem Sie die Ihrerseits manifestierten Veränderungen vorgenommen haben, wird sich Ihre Zufriedenheit mit Ihrem Leben zudem von Tag zu Tag steigern."

Manfred und Ralf hatten die ganze Zeit konzentriert zugehört, ohne Brigitte einmal zu unterbrechen. „Du meinst", blickte Manfred Brigitte fragend an, „dass ich, wenn ich mir eine solche Auszeit genommen hätte, mein Problem mit der Eifersucht auch selbst hätte lösen können?"

„Die Ursache deines Problems war tief in deinem Unterbewusstsein vergraben", antwortete Brigitte. „Du hattest eine traumatisierende Erfahrung aus einem Vorleben, nämlich den Verlust von Karlotta, mit in dieses Leben gebracht, so wie wir alle unsere Erfahrungen, die unsere Seelen jemals gemacht haben, in uns tragen. Bei dir war allerdings das Trauma, welches diese Erfahrung hervorgerufen hatte, noch nicht aufgelöst. Während deiner Hypnose hat dein Unterbewusstsein dann für sich angenommen, dass es sich um eine Erfahrung aus einem Vorleben handelte und dass eine Erfahrung immer etwas Positives ist, da sie auf etwas Erlerntem beruht. Und da man eine Erfahrung, die bereits vorhanden ist, nicht ein zweites Mal machen muss, konnte dein Unterbewusstsein das Trauma auflösen. Dies alles erfolgte im direkten Dialog mit deinem Unterbewusstsein, während du dich im veränderten Bewusstseinszustand einer Tieftrance befunden hattest.

Während einer solchen Auszeit, die ich gerade beschrieben habe, erreichst du einen meditativen Bewusstseinszustand, also eine tiefe, innere Ruhe, die man auch als "leichte Trance" bezeichnen könnte. In diesem Zustand kannst du sehr ruhig und klar über dein Leben und deine Ziele nachdenken und durch intensives Manifestieren dieser Ziele neue, unbewusste Programme bilden. Auf diese Weise kannst du deinem Leben sehr bewusst eine neue Richtung geben.

In deinem Fall war es so, dass ein unbewusstes Programm vorhanden war, das immer wieder das Verhalten "Eifersucht" auslöste. Da bei unserer Auszeit weder eine Tieftrance möglich ist noch eine Kommunikation mit dem Unterbewusstsein geführt werden kann, hättest du dein Problem mit dieser Methode wohl kaum lösen können", erklärte Brigitte.

Die geistige Welt

Manfred nickte. „An ein Erlebnis während meiner Tieftrance werde ich mich mein Leben lang erinnern", erklärte er. Seine Augen leuchteten förmlich. „Und zwar an das Gefühl der absoluten, inneren Sicherheit und der Gewissheit, mit allem verbunden zu sein. Das war zum Beispiel der Fall, als du mich in der Hypnose fragtest, ob ich jemals sterben könnte. Ich weiß noch, dass ich mich urplötzlich vor Lachen förmlich schütteln musste, so komisch fand ich diese Frage."

„Ja", bestätigte Ralf, „so etwas erleben wir während unserer Hypnosen immer wieder. Unsere Verstorbenen sind nicht weg, sondern sie leben als Seelen weiter. Sie können sogar Kontakt zu uns aufnehmen und wir zu ihnen. Gleiches gilt übrigens auch für Engel und Lichtwesen. Es ist nur eine Frage der Intuition und des Bewusstseinszustandes, in dem wir uns gerade befinden. Manchmal passiert so etwas intuitiv, wenn wir für einen Moment abwesend sind oder auch im Traum. Eine solche Kommunikation mit der geistigen Welt ist auch in Hypnose möglich, allerdings nur dann, wenn der Hypnotisand sich in einer Tieftrance befindet. Man kann hierbei um allgemeine Informationen bitten, aber auch um Rat und Hilfe. Die Antworten, die wir hier erhalten, sind allerdings meist salomonisch. Das liegt einfach daran, dass wir in dieses Leben gekommen sind, um mit unserem eigenen freien Willen die Erfahrungen machen zu können, die wir machen möchten.

Niemand will uns also beeinflussen, aber ein jede Hilfestellung bekommen wir schon, allerdings nur, wenn wir konkret darum bitten", fügte Ralf hinzu.

„Ein paar Tage nach der Hypnose hatte ich einen wunderschönen Traum", stimmte Manfred nachdenklich zu. „Bevor ich euch davon erzähle, müsst ihr erst wissen, was vorher passiert ist.

Als ich ein kleiner Junge war, gerade einmal zwölf, um genau zu sein, war mein Papa sehr krank. Ich habe gebetet und gebetet, dass mein Papa wieder gesund wird. Dabei habe ich immer auf die Uhr geschaut und habe gehofft, dass die Nacht schnell vorbeigeht. Um 20:46 Uhr konnte ich die Augen nicht mehr aufhalten und bin für einen kurzen Moment eingenickt. In diesem Moment ist mein Papa gestorben. Und ich habe mir im Stillen mein ganzes Leben lang Vorwürfe gemacht, dass ich damals eingenickt bin und vielleicht nicht genug gebetet habe.

Dieser Traum, den ich letztens hatte, war so real und so deutlich, wie ich auch in der Hypnose alles gesehen und gefühlt habe. Ich lag in meinem Bettchen und betete. Dann kam mein Papa auf mich zu. Als ich ihn ansah, hatte ich mich zuerst furchtbar erschreckt, denn ich dachte, ich hätte etwas falsch gemacht. Mein Papa sah mich ganz milde und beruhigend an. Dabei hob er mich aus meinem Bettchen und fragte: „Soll ich dir zeigen, wo ich jetzt bin?" Ich antwortete: „Ja, Papa", und schmiegte mich ganz fest an ihn. Dann schwebte er mit mir in ein wunderschönes, warmes Licht. Plötzlich war ich eins mit allem. Mir war alles so vertraut. Ich fühlte mich vollständig angenommen und geborgen. Es war ein unbeschreiblich schönes Gefühl. Mein Papa war bei mir und zeigte mir alles. „Verstehst du jetzt, dass es nichts gibt, worüber du dir Sorgen machen musst?", fragte er. Und ich verstand. Wir blieben noch eine ganze Weile in diesem Licht. Dann brachte mein Papa mich zurück in mein Bettchen." Manfred lächelte versonnen und hatte Tränen in den Augen. „Könnt ihr euch so etwas vorstellen?", fragte er leise und blickte auf.

„Ja", antwortete Brigitte sanft, „das können wir uns sehr gut vorstellen. Dein Vater ist verstorben. Somit ist er als Person, als "organische Materie" nicht mehr von unserer physischen Welt, in der wir alles sehen und anfassen können. Als individuelle Bewusstseinsenergie, als Seele, ist er aber sehr wohl noch da, so wie alle unsere Verstorbenen. Er ist jetzt in einer anderen Daseinsform, nämlich in einer körperlosen. Er ist eine geistige Persönlichkeit mit allen Gefühlen und Erfahrungen, die ihn als Persönlichkeit ausmachen. Und er ist frei von den Beschränkungen durch Zeit und Raum, so wie wir diese Dimensionen wahrnehmen. Er ist also nicht weg, sondern mitten unter uns, nur eben als individuelle, psychische Energie. Und als eine solche psychische Energie ist dein Vater auf der Ebene des Unterbewusstseins mit allen Menschen verbunden. Und weil du über Jahrzehnte so traurig warst, hat er dir nun über dein Unterbewusstsein im Traum gezeigt, dass es ihm gut geht."

Manfred schluckte. „Die Welt, die wir täglich bewusst wahrnehmen, ist ja viel kleiner als das, was unsere wahre Realität ausmacht", sinnierte Manfred.

****

Das Geheimnis des Lebens

Jeder Mensch ergründet das Geheimnis des Lebens auf seine ureigene Weise. Wir haben auf diesen Seiten unsere persönlichen Erlebnisse und Erfahrungen vorgestellt, die wir mit unserer Methode der energetischen Hypnose gemacht haben und immer wieder machen. Diese sind tief bewegend und zugleich voller Perspektiven für das Leben.

Die tiefe Ursache, die diesen Erfahrungen aus unseren Kommunikationen mit dem Unterbewusstsein zugrunde liegt, bleibt uns allerdings verschlossen. Sie ist trotz intensivster Bemühungen mit dem analytischen Verstand nicht greifbar. Insofern scheuen wir uns nicht, diese alles verbindende Urkraft in Anlehnung an Max Planck "Gott" zu nennen. Hierbei haben wir die tiefe, innere Sicherheit, dass es Gott in seiner unendlichen Größe und seiner bedingungslosen Liebe vollkommen egal ist, wie der Einzelne ihn sieht, sei es als Mann, sei es als Frau, als Vater oder Mutter, als eine alles verbindende Energie oder als das Universum. Und da ist noch eine tiefe, innere Sicherheit in uns: Gott ist in uns, in jedem von uns. Wir sind niemals allein, sondern umgeben von Engeln und Lichtwesen, mit denen wir uns jederzeit intuitiv verbinden können. Jeder Mensch darf in diesem Leben mit eigenem, freiem Willen das erleben und die Erfahrungen machen, die er machen möchte. Jeder von uns ist ein aktiver Teil der Schöpfung.

Literaturverzeichnis

- Bruce Lipton,
  Intelligente Zellen
  ISBN 978-3-936862-88-1
  KOHA – Verlag GmbH, Burgrain.

- Elisabeth Kübler-Ross
  Über den Tod und das Leben danach
  ISBN 3-923 781-02-4
  Verlag: Die Silberschnur GmbH, Güllesheim.

- Pim van Lommel
  Endloses Bewusstsein
  ISBN 978-3-426-87624-4, Verlag
  Th. Knaur Nachf. GmbH & Co.KG, München

- Max Planck
  Archiv zur Geschichte der Max-Planck-Gesellschaft, Abt. Va, Rep. 11 Planck, Nr. 1797.

Interessante Weblinks

Quantenteleportation / Kernforschung

- http://www.spiegel.de/wissenschaft/technik/quan
  tenverschraenkung-forscher-teleportieren-licht-
  ueber-143-kilometer-a-854278.html

- http://www.spiegel.de/wissenschaft/mensch/myst
  erioeses-quantenphaenomen-einsteins-spuk-ist-
  tausende-male-schneller-als-das-licht-a-
  572068.html

- http://www.nature.com/news/2008/080813/full/n
  ews.2008.1038.html

- http://www.home.web.cern.ch/about

Das psychoenergetische Feld:

- http://www.noosphere.princeton.edu

- http://www.korotkov.org

- http://www.mellen-thomas.com

Über die Autoren

Ist das, was wir sehen, fühlen und anfassen könne_, ___ les, was unsere Realität ausmacht? Oder gibt es vielleicht eine viel größere, allumfassende Realität, deren Teil wir sind? Und was wäre, wenn wir diese spirituelle Realität wahrnehmen könnten?

Mit etwa 35 Jahren begannen Brigitte Papenfuß (*1957) und Ralf Mooren (*1959) unabhängig voneinander, diesen Fragen nachzugehen. Sie absolvierten Ausbildungen in fernöstlichen Heilweisen und besuchten spirituelle Seminare auf der ganzen Welt. Nachdem sie sich bei einem dieser Seminare kennengelernt hatten, absolvierten sie zusätzlich hierzu umfangreiche Ausbildungen in therapeutischer Hypnose. Im Laufe der Jahre entwickelten die Autoren durch die Kombination von klassischer Hypnose und spiritueller Energiearbeit eine eigene, hoch wirksame Therapieform, mit der beachtliche Erfolge erzielt werden: Die SOL Hypnose. Seit 2001 führen Brigitte Papenfuß und Ralf Mooren das Therapie- und Ausbildungszentrum für Hypnose und Mentalenergetik "SOL Spirit of Light" (www.spirit-of-light.de) in Mönchengladbach.

Notizen